좋은 리더가 지닌 대화의 기술
듣기의 힘

SHIGOTO MO NINGEN KANKEI MO ZATSUDAN MO UMAKUIKU
ICHIRYU NO KIKU CHIKARA
Copyright ⓒ TAKESHI FUKUDA 2020
Originally published in Japan in 2020 by SOGO HOREI PUBLISHING CO., LTD., TOKYO.
translation rights arranged with SOGO HOREI PUBLISHING CO., LTD., TOKYO,
through TOHAN CORPORATION, TOKYO and Enters Korea Co., Ltd., SEOUL

이 책의 한국어판 저작권은 (주)엔터스 코리아를 통해 저작권자와 독점 계약한 (주)우듬지에 있습니다.
저작권법에 의하여 한국 내에서 보호를 받는 저작물이므로 무단전재와 무단복제를 금합니다.

좋은 리더가 지닌 대화의 기술

듣기의 힘

후쿠다 다케시 福田健 지음
홍성민 옮김

우듬지

○○○○○

시작하는 글

"어떻게 해야 말을 잘할 수 있을까?"

이것은 '대화법'이라는 제목이 붙은 책에서 수없이 다루어 온 의문이다. 내가 대표로 있는 '화술연구소'도 오랫동안 그 의문에 답하기 위해 전국 각지에서 강연회와 세미나를 열었다.

그런데 최근 들어 한 가지 의문이 들었다. 사람들은 보통 말하는 방법에만 흥미를 보이고 듣는 방법에 대해서는 거의 궁금해하지 않는다는 점이다.

"어떻게 해야 다른 사람의 말을 제대로 들을 수 있을까?"

이런 의문을 가진 사람이 상대적으로 적은 이유는 말하기와 달리 듣기는 꼼꼼한 준비를 할 수 없다고 생각하기 때문이 아닐까? 아니면 듣기는 그다지 어려운 일이 아니라고 생각하는 것일까?

커뮤니케이션에서 '말하기'와 '듣기' 중 어느 쪽이 주역일까?

얼마 전, 서로 다른 직종에 종사하는 사람들의 교류 모임에 참석했던 적이 있다. 우리 테이블의 멤버 중 한 사람이 최신 인공지능(AI)에 대해 열심히 이야기를 늘어놓았다. 그의 이야기는 내가 평소 잘 알지 못했던 내용이었는데 조금 흥미로웠다. 다른 사람들도 상기된 표정으로 귀를 기울였다.

이야기가 끝난 뒤, 나는 내가 하는 일과 관련해 감상을 말했다.

"당신의 말이 실현된다면 어릴 적부터 배운 모든 학습 지식을 데이터로 만들어 휴대할 수 있겠군요."

그러자 다른 사람들도 각자의 의견을 말했다.

"채용 면접 방식도 완전히 달라질 거예요."

"개인 정보 관리는 더욱 어려워지지 않을까요?"

그렇게 우리 테이블은 최신 과학 연구 이야기로 분위기가 고조되었다. 그런데 그중에서도 눈에 띄게 과한 반응을 보이는 남성이 있었다.

"대단해! AI는 정말 놀라워!"

그 남성은 손뼉을 치며 '대단하다' '놀랍다'를 연발했다. 처음에는 이야기의 내용에 상당히 흥미를 갖는 것 같았는데, 30분쯤 지나자 의외로 조용해지더니 자리에서 일어나 다른 테이블로 옮겼다.

남의 말을 제대로 듣기 위해서는 관찰력, 창조력, 표현력이 필요하다. 그리고 그런 힘을 발휘하려면 머리를 최대한 회전시켜야 한다.

이야기를 다 듣고 난 뒤에는 자신의 경험이나 지식에 대입해 정리한 의견을 말해 준다. 그 의견을 들은 상대가 다시 자신의 의견을 말한다. 그렇게 커뮤니케이션이 활기를 띠면서 우리는 배우고, 생각하고, 채워진다.

앞서 손뼉을 치며 '대단하다' '놀랍다'를 연발한 남성은 그저 '당신의 이야기를 듣고 있다'는 반응을 보인 것에 불과하다. 표면적으로 자신의 의견을 대충 얼버무린 것일 뿐, 머리로 생각하고 말하지 않았다. 그래서 잠시 후 자신이 대화에 끼지 못한다는 것을 문득 깨닫고 그 자리에서 사라진 것이다.

일류 리스너(listener)는 커뮤니케이션의 분위기를 만들어 낸다. 또한 말하는 사람을 자극해 제한된 시간 동안 보다 많은 정보와 의견을 이끌어 내기도 한다. 그렇게 함으로써 자신은 물론 말하는 사람에게도 충실한 느낌을 제공한다.

여러분도 이런 일류 리스너가 되고 싶지 않은가?

그런데 일류 리스너가 되기 위해 잘 듣는 방법을 배우려고 해도 기본적인 반응법, 흔히 말하는 '경청'에 관한 책들만 눈에 띈다.

경청은 듣기의 조건일 뿐, 그것만으로는 '일류 리스너'가 될 수 없다.

활발한 커뮤니케이션에서는 말하는 사람과 듣는 사람이 계속해서 바뀌기 때문에 어느 쪽이 말하는 사람이고, 어느 쪽이 듣는 사람이라고 명확히 선을 그을

○○○○○

수 없다.

　바꾸어 말하면, 말을 잘하는 방법만큼이나 잘 듣는 방법을 배우는 것 또한 중요하다는 뜻이다.

　이 책에는 단순한 '청자'가 아닌, '일류 리스너'가 되는 데 도움이 되는 방법들이 담겨 있다.

　다른 사람의 이야기를 잘 듣기 위한 기본적인 방법은 물론, 대화에서 저지르기 쉬운 실수와 일류 리스너가 사용하는 기술 그리고 창조적인 리액션까지 실제 상황을 가정해 알기 쉽게 설명했다.

　이 책을 읽은 여러분이 존재감 있는 일류 리스너가 되기를 바란다.

차례

○ 시작하는 글 · 4

제1장 이류·삼류 리스너

- ○ 과장된 반응이 분위기를 고조시킨다고 생각하는 사람   14
- ○ 타인의 말을 이해한 척하며 반응을 얼버무리는 사람   17
- ○ 말을 가로채 대화 내용을 자기 이야기로 바꾸는 사람   21
- ○ 상대를 시험하듯 작위적인 질문을 하는 사람   24
- ○ 말하는 사람의 의도를 모르고 딴소리하는 사람   29
- ○ 생각하는 힘이 부족해 고정관념으로 이해하는 사람   34
- ○ 왜 제대로 듣지 못하는 사람이 많을까?   37

제 2 장 잘 듣는 사람이 대화를 이끈다

- 잘 듣지 못하면 말도 잘할 수 없다   42
- 듣기는 수동적 행위가 아니라 적극적 표현이다   45
- 상대의 마음을 사로잡는 공감의 경청   47
- 무관심을 관심으로 바꾸면 자신의 세계가 넓어진다   53
- 듣는 행위는 무의식의 자기주장이 되기도 한다   57
- 비언어적 소통을 의식하며 이야기를 듣는다   60

제3장 인망이 높은 사람은 듣는 자세가 다르다

- 상대가 말하기 쉬운 환경을 조성해 의견을 구한다   66
- 본질에 초점을 맞춰 상대가 하고 싶어 하는 말을 끌어낸다   70
- 상대가 말한 것에 대해 긍정적인 감상을 표현한다   74
- 말하는 사람의 고민과 고통을 이해한다   77
- 상대의 말을 끝까지 듣기 위해서는 짧은 침묵도 중시한다   81

제4장 경청보다 한 걸음 앞서는 일류의 듣는 힘

- 말로 표현하지 않은 기분을 읽어 낸다   88
- 묻기 전에 상대가 말하고 싶어 하는 것을 끌어낸다   93
- 말하는 사람의 의도를 파악해 답변한다   98
- 함축된 의미를 파악하면 상대로부터 높은 평가를 받는다   101
- '불(不)'자 질문으로 속마음을 듣는다   106
- 때로는 듣지 않는 척하기도 필요하다   109
- "그 말은…"으로 말하는 사람의 속마음을 끌어낸다   112

제5장 비즈니스에 도움이 되는 듣기 기술

- 상사가 부하의 말을 들을 때 주의해야 할 세 가지   116
- 영업 현장에서는 현재, 과거, 미래의 질문을 준비한다   122
- 클레임 대응 상황에서는 경청만으로 부족하다   127
- 의견이 다른 사람에게는 마법의 문구로 대응한다   133
- 상대가 화를 내거나 꾸짖을 때는 확실하게 해명한다   136
- '고맙습니다'는 만능 문구가 아니다   140
- 온라인 회의와 면접에서는 알기 쉬운 표현을 쓴다   143

[부록] 나는 눈치 있는 사람일까? 간단 셀프 체크
- 10가지 항목으로 진단하는 분위기를 읽는 힘 & 듣는 힘   148

- 맺는 글 · 156

| 제 1 장 |

이류·삼류 리스너

과장된 반응이
분위기를 고조시킨다고 생각하는 사람

　우리는 어른으로 성장하는 과정에서 자연스럽게 어느 정도 듣는 힘을 습득한다.
　예를 들면 어릴 적 엄마한테,
　"이야기를 들을 때는 말하는 사람의 눈을 똑바로 쳐다봐야 해."
라는 소리를 들어 본 사람도 있을 것이다.
　또 대화 중 이야기를 들을 때 고개를 끄덕이거나 맞장구를 치는 등의 기본 소양은 학교나 사회생활을 통해서도 갖추게 된다.
　그러나 **이야기를 들을 때 스스로도 별 문제없을 거라고 생각했던 태도가 타인에게는 위화감을 주는 경우가 의외로 많다.**

과장된 반응은 말하는 사람에게 불쾌감을 줄 수 있다

한 잡지사 기자가 취재를 왔을 때의 일이다. 격식대로 명함을 주고받은 다음, 기업의 고객 클레임 대응에 관한 인터뷰를 시작했다.

기자의 질문에 한 설문 조사 결과를 바탕으로 설명하자 그 기자는,

"와! 선생님, 그게 정말이에요? 믿을 수 없어!"

하고 몸을 뒤로 젖히며 몹시 놀란 표정을 지었다. 하지만 그런 반응이 나올 거라고 예상했을 정도로 놀라운 내용은 아니었기 때문에 기자의 행동이 조금 과장되어 보였다.

"이건 인터넷상에도 이미 공개된 정보예요. 그렇게 대단한 건 아닙니다. 단지 요즘 사회에서 고객 클레임이 문제가 되고 있는 것은 확실하고, 저 역시 클레임이 많은 분야가 요식업이라고 예상했기 때문에 이 결과가 흥미롭기는 합니다."

나는 흥분하는 기자를 진정시키려고 차분히 말했다. 하지만,

"네, 맞아요! 저도 요식업이라고 생각했어요. 정말 의외예요!"

하고 기자는 다시 목소리를 높였다.

아마도 본인은 인터뷰를 잘 이끌어 가기 위해 분위기를 고조시켜야 한다고 생각한 모양인데, 나는 오히려 반응이 과하다는 인상을 받았다.

물론 이런 식으로 분위기를 띄우면 상대의 기분이 좋아지거나 말하기 쉬워질 거라고 생각할 수 있다. 그러나 **지나치게 과장된 반응은 오히려 상대의 감정을 상하게 할 수도 있다.**

앞의 경우에서는 기자가 짧은 인터뷰를 통해 말하는 사람의 의견과 정보까지 끌어내야 하기 때문에 초조했을 수 있다. 그러나 정작 말하는 사람인 나는 그의 반응이 전혀 기쁘거나 즐겁지 않았다.

상대를 지나치게 의식한 나머지 부자연스러울 정도로 과장된 반응을 보이는 것은 좋지 않다.

다음 항목을 통해 자신이 요란스럽고 과장된 리스너가 아닌지 확인해 보자.

☐ 말하는 사람의 동작보다 고개를 크게 끄덕인다
☐ 큰 소리로 손뼉을 치며 반응한다
☐ "헐!" "뜨악" 등 만화에 나오는 말투로 반응한다
☐ 내용에 따라 표정을 달리해야 한다는 의식이 강하다
☐ 과장된 반응일수록 상대를 기쁘게 할 수 있다고 생각한다

자신이 평소 어떤 자세로 이야기를 듣는지 체크해 보자.

타인의 말을 이해한 척하며
반응을 얼버무리는 사람

전혀 모르는 이야기를 마치 잘 아는 것처럼 리액션하는 사람도 있다.

이런 경우, 아는 체하며 맞장구칠 때 곁들이는 말 중에서 가장 대표적인 것이 '물론'이다.

여기에는 '당연하다'는 뉘앙스가 포함되어 있는데, 상대의 말을 제대로 이해했다면 아무 문제없다. 설령 이해하지 못했어도 자연스러운 말투로 반응한다면 그 상황을 무사히 넘길 수도 있을 것이다. 그러나 의견을 주고받는 과정에서 앞뒤가 맞지 않으면 '이 사람, 내 이야기를 제대로 들은 건가?' 하는 의심을 받을 수 있다.

말하는 사람은 듣는 사람의 반응에 민감하다. **목소리의 높낮이, 눈동자의 움직임, 짧은 침묵 등 듣는 사람의 모습을 살피며 부자연스러운 행**

위를 놓치지 않는다.

만약 이야기를 제대로 듣지 않았거나 이해하지 못한 것을 말하는 사람이 알아챘는데도 계속 아는 척하면 신용을 잃게 된다. 경우에 따라서는 나중에 추궁으로 이어져 망신을 당할 수도 있다.

솔직하게 묻는 태도는 좋은 인상을 준다

모르면서 아는 척하거나 마치 아는 것 같은 표정을 짓는 사람은 '모른다=부끄러운 일'이라고 생각할 때가 있다. 그러나 만능인 사람은 없다. 누구나 잘 아는 분야도 있고, 그렇지 않은 분야도 있게 마련이다.

듣는 사람이 말하는 사람보다 나이가 많거나 사회적 지위가 높아도 이해하지 못한 부분을 솔직히 '가르쳐 달라'고 말할 수 있는 사람이라면, 주변 사람들로부터 호감도가 높지 않을까?

나의 지인들 중 관리직에 종사하는 친구가 한 명 있다. 그는 나를 만날 때마다 부하에게 많은 것을 배운다며 자랑을 하고는 한다.

"이 어플리케이션 알아? 신입 사원이 알려 줬는데 정말 편리해."

"부하에게 묻거나 배우는 것에 거부감 들지 않아?"

"전혀. 새로운 정보는 확실히 젊은 사람들이 더 잘 알거든."

친구는 주저 없이 말했다.

사람은 자신이 잘 아는 것을 남에게 가르쳐 주고 싶은 욕구가 있다.

누군가에게 도움을 주면 기쁨을 느끼는 심리 작용 때문이다. 그런 의미에서도 **모르는 것은 솔직히 묻는 편이 오히려 좋은 평가로 이어진다.**

'내 상사는 경제 관련 지식은 많은데 컴퓨터 쪽은 관심이 없어서 그런지 잘 몰라. 하지만 모르는 것은 솔직하게 모른다고 말해 주니 내가 아는 것은 뭐든지 가르쳐 주고 싶어.'

앞의 경우를 예로 들면, 부하는 상사에 대해 이런 기분이 들었을 것이다.

버릇이 된 경우에는 어떻게 할까?

모르면서 아는 척하는 버릇을 스스로 의식해 고칠 수 있다면 좋겠지만, 때때로 그런 나쁜 버릇이 반사적으로 튀어나오는 사람이 있다. 모르는 것이 있다면 솔직히 묻는 편이 결과적으로는 상대의 신뢰를 얻을 수 있다는 것을 알지만, 이야기를 듣다 보면 반사적으로 "아, 그렇지!" 하고 리액션하게 되는 경우가 있다.

버릇이 되어서 쉽게 고쳐지지 않는다면, 이런 경우는 **자신이 모르는 정보나 단어가 나오면 되묻기를 해 보자.**

예를 들어, 동료와 업무에 관한 이야기를 한다고 하자.

"이번 프로젝트의 EB 이야기를 해 보죠."

"아, 지금 뭐라고 했죠? EB?"

"네, 에비던스 베이스드(evidence based, 객관적인 연구 데이터에 근거한 판단
—옮긴이)의 EB요, 이해하셨습니까?"

"에비던스 베이스드, 알아들었습니다. 계속하시죠."

이렇게 되물으면, 말하는 사람은 상대가 자신의 말을 제대로 못 들은 것인지, 아니면 자신의 말을 이해하지 못한 것인지 판단할 수 없기 때문에 간단한 보충 설명과 함께 다시 말해 준다. 이럴 경우에는 의미를 몰라서 물었더라도 상대가 이를 알 수 없으므로 창피해할 필요가 없다.

만일 이렇게 해도 잘 모를 경우에는 솔직하게 가르쳐 달라고 하면 된다. 단, '물어볼 게 있다'고 먼저 양해를 구하는 것이 예의다.

말을 가로채 대화 내용을
자기 이야기로 바꾸는 사람

 상대의 이야기가 끝나지 않았는데 어느새 대화 내용을 자기 이야기로 바꿔 버리는 사람이 있다. 이를 흔히 '말을 가로챈다'고 한다. 사람은 누구나 상대가 자기 말을 끝까지 들어 주기 바란다. 그래서 이야기하는 도중에 누군가가 자신의 말을 가로채면 그 사람에게 혐오감을 느낀다. 따라서 중요한 업무 이야기에서부터 잡담까지, 상황을 불문하고 상대의 말을 끝까지 듣는 태도가 중요하다.
 어떤 상황에서든 상대방의 말을 가로채는 것은 좋지 않다. 그중 가장 좋지 않은 것으로 꼽히는 경우가 고민을 상담했으면서 상대의 말을 끝까지 듣지 않고 말을 가로채는 것이다.
 한 기업의 관리직 남성으로부터 이런 고민을 들은 적이 있다.

"요즘 신입 사원은 다루기 어려워요. 뭐든 솔직히 말해 주면 나도 편할 텐데. 신입 사원의 마음을 열게 할 좋은 방법이 없을까요?"
그래서 나는 이렇게 조언했다.
"자꾸 질문하면 저쪽이 경계할 수 있어요. 그보다는 이쪽에서 먼저 자신의 이야기를 조금씩 하면서 그에 대해 신입 사원이 뭐라고 하는지 들어 보면 어떨까요?"
하지만 그가 쉽게 알아듣지 못하는 것 같아서 나는 다시,
"제 경우에는 주로 고생담을 말해요. 우리가 신입이었던 때와 지금은 시대가 다르잖아요. 예를 들면, 고객의 불쾌한 말……."
하고 구체적으로 설명하려 했는데 그가 갑자기 나의 말을 가로채더니 자기 이야기를 하기 시작했다.
"아니, 고생담보다는 즐거웠던 이야기를 할래요. 나는 취직하고 반년 동안은 학생 때 못 간 여행을 했거든요. 그래서……."
결국 나의 고생담은 말하지 못했다.
이 일로 그 사람에 대한 인상이 나빠졌다고는 할 수 없다. 그러나 이런 일이 몇 번이고 거듭된다면 언젠가는 그렇게 될 것이다. 한 번 당했을 때의 스트레스는 크지 않아도, 그것이 계속해서 쌓이면 혐오감이 생겨서 더 이상 그 사람과 말하고 싶지 않게 될 것이다.

말을 가로채는 행위를 개선하려면 스스로 깨달아야 한다

어느 날, 나는 단단히 마음먹고 그에게 말했다.

"말하는 도중에 끼어들면 솔직하게 말하기 어려워요. 가능하면 끝까지 들어 주세요."

내 말을 듣고 그는 깜짝 놀랐다.

"내가요? 언제요?"

그는 남의 말을 가로채는 버릇을 자각하지 못하는 듯했다. 따라서 악의는 없었을 것이다. 일부러 말을 가로챈 것이 아니었으므로 상대의 기분을 상하게 했다는 것도 몰랐다.

그 후로 그와 대화할 때 또 말을 가로채면,

"잠깐! 아직 내 말 안 끝났어요."

하고 주의를 주었다. 그러다 보니 말을 가로채는 버릇이 조금씩 개선되는 것이 느껴졌다.

누구나 자신의 버릇을 자각하기는 힘들다. **누군가로부터 지적을 받거나 진지하게 자신의 말투와 행위를 스스로 체크하는 수밖에 없다.**

상대를 시험하듯
작위적인 질문을 하는 사람

상대에게 선택지를 줄 생각도 없으면서 일부러 질문하는 사람이 있다. 이런 경우는 대부분 자기 의견을 정당화하거나 그 생각에 확신이 있다는 것을 주장하기 위해서다.

다음에 이어지는 상사와 부하의 대화를 살펴보자.

"그 안건에 대해 고객이 문의한 지 벌써 사흘이나 지났어요. 다른 사람한테 도와달라고 하는 게 어때요?"

"하지만 이번 건은 제게 맡긴다고 하셨잖아요. 곧 마무리하겠습니다."

"타이밍이 중요한 안건이라서 그래요. 사토 씨한테 도움을 청해서 가능한 한 빨리 끝내도록 해요."

"아, 알겠습니다."

이 상황에서 상사가 던진 첫 질문은 이미 그 부하에게만 일을 맡겨 둘 수 없음을 암시한다. '대체 뭐 하는 거야? 시간이 너무 오래 걸리잖아!' 하는 속마음이 도움을 받으면 된다는 생각으로 변해서 "도와달라고 하는 게 어때요?"라는 질문으로 이어진 것이다.

그러나 사람은 강요받는 것을 싫어한다. 상사로부터 이런 말을 들은 부하의 사기는 떨어질 수밖에 없다. 당연히 부하 입장에서는 맡은 일을 열심히 하고 있는데 갑자기 지적을 당해 우울했을 것이다.

즉, 이런 작위적인 질문은 질문자 자신을 위한 것일 뿐, 듣는 사람은 기분 좋을 리 없다.

그럼 어떻게 질문해야 할까? 우선 상대를 이해하는 마음가짐이 중요하다.

앞의 경우를 예로 들어 보자.

"고객이 문의한 안건 말인데, 기획은 잘 마무리할 수 있겠어요?"

"네, 시간이 조금 걸릴 것 같지만, 다음 주 월요일까지는 제출할 수 있습니다."

"그래요, 중요한 안건인 데다 경쟁사도 있는 상황이라서. 어떻게 해야 채택될 수 있을까……. 진행하다 막히는 부분이 있으면 언제든 상의하세요."

"감사합니다. 그런데 실은 저쪽이 어떤 기준으로 판단할지 알 수 없는 부분이 있기는 합니다만……."

"어떤 거요? 아, 이건 요전에 사토 씨가 담당했던 건이랑 비슷하니까 그쪽에 물어보면 될 겁니다."

"네, 그러겠습니다."

이렇게 대화를 풀어 가면 부하의 기분이 상할 일은 없을 것이다.

앞서 말한 나쁜 예에서 상사는 처음부터 자신의 조바심이 드러나는 질문을 던졌다. 그리고 부하의 대답을 듣지 않은 채 지시를 내렸고, 그 바탕에는 비난과 비판의 감정이 깔려 있었다. 이런 식으로 마음속 응어리를 부하에게 발산하는 것은 그저 단순한 화풀이일 뿐이다. **상사로서 부하의 업무 능력을 키워 좋은 결과를 얻기 위해서는 어떻게 하는 게 좋을지 생각한다면** 앞에서 예로 든 경우처럼 질문을 통해 부하의 이야기를 들어야 한다.

알고 있는 것을 질문으로 유도하는 것은 좋지 않다

한 제약 회사의 의약 정보 담당자들을 대상으로 연수를 진행했을 때의 일이다. 그날은 의사에게 약에 대한 정보를 제공하는 상황을 가정해 롤플레잉(역할 연기)을 했다.

연기의 내용은 의사에게 어떤 질환에 대해 1일 2회 복용할 필요가 있는 약을 판매하는 것이었다. 이 약의 효능에 대해서는 신뢰할 수 있는 실적과 데이터가 있지만, 경쟁사에서는 1일 1회 복용하는 약이 제공되고 있었다. 환자에게 부담을 준다는 이유에서 의사들은 1일 2회 복용하는 약을 쉽게 선택해 주지 않는 것이 문제였다.

그 정보를 토대로 수강자들을 의사와 담당자로 각각 역할을 나눠 약을 판매하는 상황을 연출했다. 그러자 이런 대화가 오갔다.

"선생님, 물론 1일 1회 복용하는 약이 환자에게 부담이 적다는 것은 잘 압니다. 그런데 환자들은 대부분 이 약뿐만 아니라 다른 종류의 약도 복용하지 않나요? 당뇨병 치료제나 혈압약 같은 거요. 환자들은 하루에 보통 몇 종류의 약을 복용하고 있나요?"

"경우에 따라 다르지만 하루에 보통 두세 종류의 약을 더 복용하는 경우가 많지요."

"그렇습니까? 선생님, 그럼 이 데이터를 한번 보십시오."

이때 담당자 역할이 꺼낸 것은 자사의 약을 복용하는 환자가 몇 종류의 약을 복용하는지를 나타내는 그래프였다.

"보시다시피 3~5종류의 약을 복용하는 환자가 전체의 60%를 차지합니다. 그러니까 다른 약들을 추가적으로 복용하면 결국 1일 2회 복용하는 것과 같은 결과가 나오지 않을까요?"

"으음, 그래도 환자 입장에서는 가능한 한 하루에 한 번 복용하기를 원할 것 같은데……."

이 롤플레잉은 제약 회사에 다니는 수강자들의 역할극이므로 물론 실제 의사가 보이는 반응과는 다르다.

그런데 이 롤플레잉 대화에서 마음에 걸리는 부분이 있었다. **영업 사원이 의사에게 '환자들이 하루에 보통 몇 종류의 약을 복용하고 있는지' 질문한 것은 그 후에 자신이 꺼낼 자료를 설명하기 위한 것이었다는 점이다.** 의사들이라면 이런 상황에서는 '그걸 말하고 싶었으면 데이터를 미리 보였어야지.' 하고 불쾌하게 생각하는 사람도 있을 것이다.

실제로 의사 역할을 한 사람에게 그때의 기분을 묻자, 상대에 대한 인상이 부정적으로 바뀌었다고 답했다.

즉, 의사에게 자신의 답을 유도하기 위한 질문을 하기에 앞서 먼저 데이터 그래프를 보여 준 후에 환자의 정보를 묻는 것이 성실한 태도라고 할 수 있다.

"이건 3~5종류의 약을 복용하는 환자가 많다는 데이터입니다. 선생님의 환자들 중에도 이 데이터에 해당되는 사람이 많나요?"

처음부터 이렇게 질문한다면 의사도 대답하기 쉬울 것이다.

질문을 받은 사람이 자신이 **유도당했다고 느끼면 상대를 경계할 수 있고, 사실대로 대답하고 싶지 않을 수도 있을 것이다.** 따라서 듣는 사람이 작위적인 질문이라고 느끼지 않도록 다시 한 번 자신의 말에 신경 써야 한다.

말하는 사람의 의도를 모르고 딴소리하는 사람

 대화의 내용을 전혀 이해하지 못한다고 느낄 정도로 딴소리하는 사람도 리스너로서 문제가 있다. 코미디라면 익살로 여기며 넘어갈 수 있지만 일상생활에서는 위화감을 준다.
 "이번 건강검진에서 혈압이 높다고 나왔어. 그래서 혈압 조절에 좋다는 ○○ 음료 회사의 참깨보리차를 매일 마셔."
 "아휴, 됐어. 매일 참깨보리차라니. 나는 못 마셔!"
 어느 날 지하철을 탔을 때 내 앞에 서 있던 두 남성이 실제로 나눈 대화다.
 처음 말을 꺼낸 사람은 웃으며 상대의 반응을 흘려 넘기려는 듯 보였지만, 속으로는 '뭐가 됐다는 거야!'라고 생각했을 것이다.

말을 꺼낸 사람은 상대가 단순히 참깨보리차를 좋아하는지 어떤지를 물은 것이 아니다. 단지 자신의 건강 유지법을 말하고 싶었을 뿐이다. 그렇다면 그는 이런 전개를 기대하지 않았을까?

"이번 건강검진에서 혈압이 높다고 나왔어. 그래서 혈압 조절에 좋다는 ○○ 음료 회사의 참깨보리차를 매일 마셔."

"아, 그래? 그런데 탄산수도 고혈압에 좋대. 탄산이 혈관을 넓혀 혈압을 낮춰 준다고 하더라고."

"정말?"

"응, 텔레비전에서 봤어. 그런데 사이다 같은 탄산음료는 아닐 거야."

"아, ○○○ 탄산수?"

"그래, 그래!"

이것이 일반적인 대화의 흐름이다.

그런데 왜 듣는 사람 입장에서는 종종 딴소리를 하게 될까? 거기에는 누구나 빠지기 쉬운 함정이 있기 때문이다.

① 순간적인 단정

말을 듣는 순간, 머리에 떠오른 즉흥적인 생각이나 착각으로 '이거다!'라고 단정해 버리는 경우가 있다.

예전에 내가 지방으로 출장을 갔을 때, 맛있다고 소문난 가게의 귤을 사서 택배로 집에 보낸 적이 있다. 다음 날 일을 마치고 집에 돌아갔는데, 가족이 식탁에 모여 앉자 아내가 아이에게 "냉동실에 있는 귤 꺼내 먹어." 하고 말했다. 그 말을 듣는 순간, 나는 택배로 보낸 그 귤을 아내가 냉동실에 넣었다고 생각해서 "여보, 그거 비싼 거야. 냉동실에 넣어두고 먹는 귤이 아니라고!" 하고 버럭 화를 냈다. 아내와 아이는 놀라서 입을 벌린 채 나를 쳐다보았다.

"무슨 소리야! 이건 마트에서 사 온 거야. 얘가 귤을 얼려 먹고 싶다기에 냉동실에 넣은 건데 왜 화를 내는 거야?"

아내가 냉동실에 얼린 것은 마트에서 사 온 귤이었다. 내가 착각한 것이다. 생각해 보니 출장지에서 택배로 귤을 보냈다는 것조차 아내에게 말한 적이 없었다. 그런데도 나는 그 귤이 이미 집에 도착해 냉동실에 들어갔다고 멋대로 단정했다. **조금만 차분히 생각하면 택배는 배송하는 데 시간이 걸린다는 것을 알 수 있을 텐데, 순간적으로 잘못 인식하고 말았다.**

② 자신의 경우로 바꿔서 생각하는 버릇

상대의 이야기를 곧바로 자신의 경우로 바꿔서 생각하는 버릇이 있는 사람은 주의해야 한다. **그런 버릇이 있는 사람의 특징은 '나라면' 혹은 '나의 경우는' 하고 말하는 것이다.**

앞의 예에서 고혈압에 관한 건강법 이야기를 듣고 딴소리한 사람이 바로 이 타입이다.

그 사람은 '혈압을 낮추기 위해서 참깨보리차를 마신다'는 상대의 말을 곧바로 자신의 경우로 바꿔서 '나는 그런 건 매일 못 마신다'는 식으로 대답해 버렸다. 말하는 사람이 건강법에 관해 이야기했을 때 듣는 사람이 그에 도움이 될 만한 정보를 알려 주면 말한 사람도 기분 좋을 텐데, 자기는 그런 건 못 마신다고 반응해 버리면 대화는 거기서 끝날 수밖에 없다.

여담으로, 나는 카운터만 있는 작은 꼬치구이 가게에서 가볍게 술을 마시는 것을 즐긴다. 카운터 너머의 주인과 수다도 떨 수 있고, 그 가게의 단골손님과도 부담 없이 대화할 수 있기 때문이다.

어느 날, 두 명의 젊은 여성이 가게에 들어왔다. 손님용 테이블이 따로 없는 데다 젊은 여성이 손님으로 오는 경우는 거의 드문 곳이라서 순간 가게 안이 조용해졌다.

잠시 후, 한 여성이 주인에게 물었다.

"꼬치 하나만 주문하고 싶은데, 되나요?"

그러나 그 가게는 메뉴 하나당 꼬치 두 개부터 주문할 수 있고, 메뉴판에도 그렇게 적혀 있었다. 한 개만 주문하는 것은 단골만의 특권으로, 가게의 암묵적인 규칙이다.

"손님, 죄송합니다. 저희 가게는 두 개부터 주문을 받습니다."

마침 단골손님도 와 있어 주인은 미안하다는 듯이 말했다. 여성 손님도 "아, 그래요?" 하며 아쉬워했다.

"그래도 여기까지 오셨는데 두 분이 나눠 드시면 되지 않을까요? 메뉴 하나를 주문해 한 개씩 드시면 될 텐데."

주인이 제안하자 여성 손님은 얼른 알아듣고,

"어머, 그러네요. 나눠 먹으면 여러 종류를 먹을 수도 있고. 우리 그렇게 할까?"

나는 문제가 해결되어 잘됐다고 생각했다. 그런데 무슨 생각이었는지 주인이 곧바로 덧붙였다.

"꼬치구이는 살이 찌지 않아서 두 개 드셔도 괜찮아요. 닭고기는 건강에 좋으니까!"

순간, 가게 안은 조용해졌고 두 여성은 난처해하며 메뉴판을 보았다.

나는 속으로 중얼거렸다.

'대체 무슨 말을 하는 거야? 살찌는 걸 신경 쓴 게 아닌데.'

주인의 착각이었는지 선입견이었는지는 모르지만, 듣는 사람에 따라서는 불쾌할 수도 있는 말이었다.

말하는 사람의 이야기를 자신의 경우로 바꿔 말하는 것은 좋지 않다. 그것은 딴소리를 하게 만드는 원인이 되며, 이럴 경우에는 대화가 끊어지거나 위화감을 준다.

생각하는 힘이 부족해
고정관념으로 이해하는 사람

　요전에 우리 회사에서 이런 일이 있었다.
　그날은 오후에 중요한 회의가 예정되어 있었는데, 나는 회의에 참석하기로 한 입사 2년차 직원에게 만약을 위해 이렇게 말해 두었다.
　"오후에 중요한 회의가 있으니까 점심 식사 신경 쓰게."
　"네! 알겠습니다."
　그런데 막상 회의가 시작되자 그의 주변에서 마늘 냄새가 났다. 나는 작은 소리로 물었다.
　"점심 뭐 먹었나?"
　"만두 정식이요."
　그는 기죽지 않고 대답했다.

"회의실에 마늘 냄새가 진동하잖아. 미리 말했지? 신경 쓰라고."

"네? 그런 의미였어요? 저는 회의 시간에 늦지 않도록 신경 쓰라는 말씀인 줄 알았어요."

우스갯소리가 아니라 실제 있었던 일이다.

물론 내 의도가 상대방에게 정확히 전달되었는지 제대로 확인하지 않았던 나의 잘못도 있다. 그러나 닫힌 공간에서 진행되는 회의에 냄새가 강한 음식을 먹고 참석하면 어떻게 될까? 그 정도는 기본으로 알고 행동할 거라 생각했다.

상대의 말을 본래의 의도와 다르게 자신의 고정관념으로 이해하고 넘어가면 안 된다. '이거'라고만 생각하고 그 이후는 전혀 고민하지 않는 것은 단편적인 자세다. 일류 리스너는 **상대의 말을 들은 그 순간에는 고정관념으로 오해했어도, 곧 진짜 의미를 깨달을 수 있다.**

어떻게 그것이 가능할까?

앞의 예를 살펴보자. 내가 말한 내용과 그 후 그 직원의 행동을 비교해 보면, 점심을 먹으면서도 '혹시 음식 냄새가 날 수 있으니까 신경 쓰라는 말 아닐까?' 하는 데까지 생각이 미쳤을지도 모른다.

착각으로 끝내지 않으려면 **들은 것을 머릿속에서 일단 보류한다. 그리고 그 후에도 그 말을 계속 떠올리면서 말의 뜻을 되새긴다.**

물론 말하는 사람이 '당연히 이렇게 생각하겠지.' '조금만 생각하면 알 거야.' 하고 넘어가는 자세에도 문제가 있다. 경험한 적 없는 상대에게 "그 정도는 알잖아!"라고 지적하면 상대는 불쾌감을 느낄 것이다. 양쪽이 서로 노력해서 이해하는 것이 커뮤니케이션이므로 듣는 사람만 문제시할 수는 없다.

단, **일류 리스너를 목표로 한다면 말을 들은 것에 그치지 않고 이후에 생각하는 자세의 중요성과 어려움을 이해해 두어야 한다.**

생각하는 힘이 부족한 리스너는 제대로 된 커뮤니케이션을 원하는 상대에게 성가신 존재로 인식될 수 있다. 생각하는 힘이 있는 리스너가 되자.

왜 제대로 듣지 못하는 사람이 많을까?

말을 제대로 알아듣는 것이 중요하다는 점에 이의를 제기하는 사람은 없다. 그걸 알면서도 실제로는 말을 제대로 듣지 못하는 경우가 있다. 그럴 때 객관적으로 '큰일이네.' 하고 머릿속에서 자신에게 신호를 보낼 수 있는 사람과 그렇게 하지 못하는 사람이 있다. 그것이 바로 일류 리스너가 될 수 있나 없나를 가르는 포인트다.

자신은 둘 중 어디에 속하는지 아래의 체크 리스트로 확인해 보자.

☐ 지레짐작으로 이야기의 내용을 잘못 알아듣는다.
☐ 이야기가 길어지면 집중력이 떨어져 내용을 제대로 파악하지 못한다.
☐ 흥미 없는 이야기일 경우, 들으면서 머릿속으로 다른 생각을 한다.

☐ 상대가 말재주가 없으면 짜증이 나서 듣고 싶은 마음이 없어진다.

☐ 자신이 말할 내용을 생각하느라 상대의 이야기를 듣지 않는다.

☐ 떠오른 말을 빨리 하고 싶어서 상대가 말하는 도중에 끼어든다.

☐ 자신과 반대되는 의견을 들을 때면 화가 나고 초조해진다.

☐ 이야기의 전개나 결론을 상상할 수 있으면 더 이상 듣지 않아도 된다고 생각한다.

☐ 자신의 지론, 선입견을 바탕으로 '그럴 리 없다'고 부정적으로 듣는다.

☐ 이야기의 내용에 짚이는 데가 있으면 그 생각에 빠져 말하는 사람의 이야기를 놓친다.

이 체크 리스트는 말하는 사람의 이야기를 제대로 듣지 못하게 되는 대표적인 원인들을 나열한 것이다.

해당되는 항목이 몇 개인가? 과거 우리 회사의 연수 프로그램 수강자들의 기록을 살펴보니 평균적으로 네 가지 항목이 해당되었다. 이렇게 자신의 경향과 습관을 제대로 알면 개선으로 가는 첫걸음을 뗄 수 있다.

일류 리스너가 되기 위해서는 상대의 말을 들을 때 요령만 앞세우면 안 된다. 또 자신의 버릇을 방치하면 어떤 때는 제대로 듣고, 어떤 때는 제대로 듣지 못해 결과적으로 어중간한 리스너가 되어 버린다. 요령도 중요하지만 **몸에 밴 나쁜 습관을 바꾸는 것이 먼저다**.

이해력을 높이기 위해 방해가 되는 원인을 줄인다

아무리 똑똑한 사람이라도 자신이 느낀 것, 전달하고 싶은 것 중에 말로 표현할 수 있는 것은 최대 70%라고 한다. 마찬가지로 듣는 사람도 말하는 사람의 의도를 70% 정도밖에 이해하지 못한다.

즉, 말하는 사람의 머릿속에 하고 싶은 말이 100가지 있다면 그것은 듣는 사람의 머릿속으로 49%(100%×0.7×0.7)밖에 전달되지 않는 것이다. 하지만 이것은 최대치이므로 말하는 사람의 어휘, 표현력 또는 그 자리의 상황에 따라 수치는 더 낮아질 수도 있다.

우리는 이야기를 들을 때 자신이 경험한 것이나 배운 것을 토대로 의미를 부여하면서 이해한다. 그리고 그 과정에서 30~40%는 흘려듣거나 오해함으로써 정확히 전달되지 않는다. 하물며 앞의 체크 리스트처럼 상대의 말을 제대로 듣지 못하는 상태라면, 말하는 사람이 전하고자 하는 내용의 10%나 20%밖에 전달되지 않는다. 따라서 체크 리스트 중에 자신에게 해당되는 항목이 있다면 이를 의식적으로 개선해야 한다.

이야기를 들을 때 절반만 이해해도 꽤 좋은 듣기 능력을 지닌 것이므로 80%를 이해할 수 있는 사람은 상당히 우수한 리스너라고 할 수 있다.

| 제 2 장 |

잘 듣는 사람이
대화를 이끈다

잘 듣지 못하면
말도 잘할 수 없다

2010년까지 일본공영방송(NHK)에서 방송된 '주간 어린이 뉴스'를 맡아 진행했던 이케가미 아키라(池上彰)는 <단박에 통하는 전달의 힘>이라는 자신의 저서를 통해 흥미로운 이야기를 했다.

방송이 시작되기 전, 그는 미리 받아 둔 뉴스 원고를 훑어본 뒤 그것을 간단한 말과 표현으로 수정했다. 그리고 어린이들에게 내용을 이해했는지 묻고 대답을 들어 보았다고 한다. 이때 어린이들이 '모르겠다'고 지적한 부분은 좀 더 알기 쉽게 풀어 다시 수정했다. 이 과정을 여러 번 반복하고 나서야 어린이들이 제대로 이해할 수 있는 뉴스 해설이 가능했다고 한다.

이야기의 어느 부분을 이해하기 어렵다고 느끼는지는 실제로 어린이

들에게 물어보지 않으면 모른다. 그래서 그는 어린이들이 자신의 선생님이었다고 말한다.

이런 사실로도 알 수 있듯이 **이야기가 잘 전달되도록 말하기 위해서는 그 이야기를 듣는 당사자에게 직접 물어서 의견을 들어야 한다.** 몇 만 개에 이르는 단어 지식과 어휘력을 갖고 있더라도 듣기를 게을리하면 결코 상대에게 제대로 이야기를 전달할 수 없다.

상대가 무엇을 알고, 무엇을 모르는지 파악할 수 있으면 거기에 초점을 맞춰서 설명할 수 있다. 또 무엇에 관심이 있고, 무엇에 무관심한지 알면 마음을 끌어당기는 이야기를 할 수 있다. 즉, 잘 듣는 것은 말을 잘하기 위해 반드시 필요한 행위이며, 커뮤니케이션에서 서로를 이해하기 위한 중요한 기술이다.

혼자만 일방적으로 지껄이는 사람, 남의 말을 밀어내고 자기 이야기를 하는 사람, 일단 자기 의견부터 들어 주기를 바라는 사람. 그런 어른들이 많은 현실에서는 듣는 방법을 배우는 것이 얼마나 중요한지 알 수 있다.

상대에게 직접 듣는 것의 중요성

요전에 이런 내용의 트위터 글이 화제가 된 적이 있다.

'회사 회식 때 선배가 존댓말 쓰지 않아도 된다, 편하게 대하라고 말하는데 무척 난감했다. 편하게 대한다는 게 어떤 말투를 쓰고 어느 정도의 거리감을 둬야 하는 건지 잘 몰라서 차라리 존댓말이라는 정해진 커뮤니케이션 방법을 사용하는 게 더 편하다.'

나는 이런 의견이 다수의 사람들로부터 공감을 얻고 있다는 것을 알고 조금 놀랐다. 실제로 나 역시 새로 입사한 직원이나 젊은 사람들과 술자리를 할 때면 '어려워 말고 편하게 말하라'고 했던 적이 있기 때문이다.

그 글을 읽고 난 뒤, 혹시 그들도 내 말에 난처해하지 않았을까 반성했다. 물론 편하게 말하라는 제안을 기분 좋게 받아들이는 사람도 있지만, 그렇지 않은 사람도 있다는 것을 안 이상 나의 대처가 부족했던 것은 명백하다.

그럼 친절을 베푼다고 한 말이 실제로는 상대를 불편하게 할 수도 있다는 것을 빨리 알아챌 수 있는 방법이 있을까? **그 자리에서 상대에게 직접 물어보면 된다.**

"나한테는 편하게 말해도 되는데, 잘 안 되죠? 어떤 식으로 말하는 게 편할까?"

위와 같은 경우 이렇게 직접 물었다면 상대로부터 '존댓말을 쓰는 게 편하다'는 의견을 좀 더 빨리 들을 수 있었을 것이다. 듣지 않으면 말할 수 없다. 이것은 알면서도 잊어버리기 쉬우니 의식적으로 주의하자.

듣기는 수동적 행위가 아니라 적극적 표현이다

이야기를 하는 사람이 발신자라면 듣는 사람은 수신자다. 그래서 일반적으로 듣는 행위는 수동적이라는 이미지가 있다. 그러나 **사실은 듣고 있다는 것을 적극적으로 상대에게 호소하는 정보 발신자이기도 하다.**

커뮤니케이션은 사람과 사람 사이에서 이루어지는 행위다. 휴대전화의 문자 메시지나 메일과 달리, 그 자리의 분위기가 존재한다. 표정과 태도에서 전해지는 느낌도 있고, 서로 간에 다양한 정보가 오간다. 일방적으로 발신하고 수신하는 단순한 구도가 아닌 것이다.

그러나 현실에서는 그런 커뮤니케이션이 이루어지지 않는 경우도 있다. 예를 들어 대학교 강의실 풍경을 생각해 보면, 학생들은 제멋대로 수다를 떨고 있고 교수는 이에 아랑곳하지 않은 채 로봇처럼 강의 내용을 읽어 내려간다. 이런 상황이라면 수업은커녕 학생과 교수 사이에 커뮤니케이션은 존재하지 않는다. 말하는 사람과 듣는 사람이 적극적으로 참가하지 않으면 커뮤니케이션은 성립될 수 없기 때문이다.

극단적인 예를 들어 설명했지만, 결국 '듣는 것은 표현하는 것'이다. 상대에게 당신의 이야기를 듣고 있다는 것을 태도나 맞장구, 시선으로 발신해야 한다.

듣는 것은 표현하는 것이다

제대로 듣지 않는 사람은 대부분 수동적인 자세를 보인다. 그런 사람들은 보통 자신이 고개를 끄덕이거나 맞장구를 쳐 주기 때문에 자신의 듣는 태도가 나쁘지는 않다고 생각한다. 그러나 이것은 이야기를 들을 때 보일 수 있는 최소한의 자세에 불과하다.

<첫인상의 심리학(The Four Minute Sell)>의 저자 자넷 엘시는 말한다.

'웃는 표정을 가진 사람은 딱딱한 표정을 가진 사람보다 훨씬 매력적으로 느껴진다. 또한 무표정한 사람보다 훨씬 더 신뢰감을 준다.'

듣는 것은 표현하는 것이다. **일류 리스너는 맞장구치기는 물론, 적절한 표정이나 제스처를 통해 상대에게 자신이 이야기를 잘 듣고 있다는 것을 적극적으로 어필한다.** 이제 그에 관한 구체적인 방법을 알아보자.

상대의 마음을 사로잡는
공감의 경청

먼저, 가장 기본적인 방법이다. 이야기를 들을 때는 **상대가 쉽게 말할 수 있도록 적절한 리액션을 해야 한다.** 이것을 '경청'이라고 하는데, 이는 듣기의 기본자세다.

말하는 사람의 입장에서 볼 때 듣는 사람이 연신 시계를 힐끗거리면 신경 쓰일 것이다. 내 경우에는 말할 때 상대가 나의 이마를 힐끗거리면 무척 신경 쓰인다. 피지 때문에 이마가 번들거리는 것 같아 말하는 데 집중할 수 없기 때문이다.

이처럼 듣는 사람의 반응은 말하는 사람에게 영향을 주고, 그에 따라 말하는 사람의 부담감도 달라진다. 그래서 듣는 입장이 되었을 때는 상대가 쉽게 말할 수 있도록 적절한 반응을 보여야 한다. 이것은 경우에 따라서는 더 많은 정보를 이끌어 내는 데 도움이 된다.

예를 들어, 당신의 이야기를 듣는 두 명의 후배가 있다고 하자. 두 후배 중 한쪽은 반응을 많이 하고, 다른 한쪽은 반응이 거의 없다. 당신은 어느 후배에게 더 많은 것을 가르쳐 주고 싶은가? 보통은 전자일 것이다. 반응이 좋은 사람에게는 저절로 이것저것 말하게 되기 때문이다.

그럼, 듣는 사람이 할 수 있는 좋은 반응이란 구체적으로 어떤 것인지 세 가지 예를 들어 보자.

① 말하는 사람의 움직임보다 크게 리액션한다

기본적으로 사람은 말할 때 몸을 움직인다. 고개를 움직이거나 몸짓을 섞어 가며 말한다. 일상생활에서 조금의 움직임도 없이 말하는 경우는 거의 없다.

그래서 **듣는 사람이 말하는 사람의 움직임보다 크게 반응하는 것은 하나의 요령이다.** 정확히 몇 cm 더 크게 리액션해야 하는지 기준은 없다. 말하는 사람의 움직임을 보면서 적절히 반응하면 그 사람은 자신의 말을 잘 들어 주고 있다고 느낄 것이다. 단, 1장에서도 언급했듯이 지나치게 과장된 반응은 오히려 상대에게 불쾌감을 줄 수 있다.

② 공감의 말을 많이 사용한다

자신의 기분을 솔직히 표현하는 사람이 있는가 하면, 감정을 거의 겉으로 드러내지 않는 사람도 있다. 대부분의 일본인은 후자에 속해서 기분이나 감정을 말로 거의 표현하지 않는다.

"이번에 맡은 프로젝트 때문에 바빠서 요즘은 매일 밤늦게 퇴근해."

회사에서 이런 푸념을 한 사람이 있다고 하자. 이 사람은 자신이 처한 상황을 말했을 뿐, 기분이나 감정을 표현하지는 않았다. 그러나 그 이면에는 '힘들다' '지친다' '피곤하다'는 기분이 존재한다. 굳이 말하지 않아도 상대가 자신의 기분을 헤아려 줄 거라고 생각하는 일본인다운 표현이다.

이 말을 들은 사람은 상대의 의도를 헤아려서 이렇게 대꾸한다.

"많이 힘들겠군."

이 대꾸로 푸념한 사람은 자신의 의도가 전달되었다고 느낄 것이다.

"정말 힘들어. 체력적으로나 정신적으로 지쳐."

말하는 사람은 이렇게 안심하고 자신의 기분을 털어놓는다.

그러나 매일 밤늦게 퇴근한다는 사람에게,

"아, 그렇구나."

하고 반응하면 어떨까? 말한 사람은 뭔가 반응이 부족하다고 느낄 것이다. 자신의 힘든 상황을 이해받지 못했다고 낙담할 수도 있다.

우리 주변에는 자신의 기분을 쉽게 털어놓지 못하는 사람들이 있다.

그럴 때는 듣는 사람이 말하는 사람의 감정을 헤아려서 그 마음을 대변해 주면 효과적인 결과를 얻을 수 있다. 이것을 '공감'이라고 하는데, 경청의 방법에서 중요시되는 기술이다.

단, 여기서 주의해야 할 것이 있다. 공감은 '감상'이나 '평가'와는 다르다는 것이다. 예를 들어,

"나, 다음 주에 가족이랑 캐나다 여행 가."

하고 한껏 신이 나서 말하는 사람이 있다고 하자. 여러분은 이 말에 어떻게 반응할까?

"좋겠다. 부러워!"

보통은 이렇게 말해 버리지 않을까? 이 경우 '부럽다'는 듣는 사람의 감상이지 공감이 아니다. '좋겠다'도 듣는 사람의 평가일 뿐 공감은 아니다. 즉, 이와 같은 반응은 감상과 평가에 불과하다.

따라서 이런 경우에는 먼저,

"캐나다에 간다고? 엄청 설레겠다!"

하며 **말한 사람의 설렘에 공감하는 반응을 하는 것이 이상적이다.**

"맞아! 일이 손에 안 잡혀. 얼른 가고 싶어."

"부럽다~."

이런 식으로 진행된다면 이상적인 대화라고 할 수 있다. 감상이나 평가를 해서는 안 된다는 것이 아니라, 먼저 공감의 말을 표현해야 한다는 것이다. 그런 다음에 감상과 평가를 하면 된다.

듣는 사람이 말의 이면에 숨어 있는 기분과 감정에 초점을 맞춰 적절한 공감의 표현을 해 준다면 상대는 더욱 편하게 말할 수 있다. 그렇게 되면 기분 좋은 분위기가 형성되고, 상대방은 당신과의 대화에 만족할 것이다.

③ 중요한 정보는 반복해서 말한다

기업의 고객 상담 센터와 관공서의 민원실에서는 고객이나 민원인의 주소, 전화번호처럼 틀리면 안 되는 정보는 고객에게 반드시 반복해서 말해 준 뒤 확인하도록 교육시킨다. **중요한 정보를 반복해 들으면 고객은 자신의 말이 정확히 전달되었음을 알고 안심하기 때문이다.**

예를 들어 이사로 인한 주소지 변경을 원하는 고객이 은행에 연락할 경우, 콜센터 상담원은 꼭 마지막에 다음과 같이 반복해 말한다.

"○○○ 님(이름 반복)의 새 주소지는 지바현 가시와시……(주소 반복)입니다."

이런 규칙은 비단 콜센터에만 한정된 것은 아니다. 일상에서도 의식적으로 실행해야 할 경청의 기술이다. 지명·장소명·수치·수량·일시 등등 대화 내용에 포함된 중요한 정보는 반드시 반복해서 말하는 습관을 들이자.

다음은 직장 동료 사이에서 흔히 이루어지는 잡담이다. 공감과 반복하는 말에 주목해 읽어 보자.

"연말연시에 아내랑 본가와 처가, 양쪽 다 가야 해."

"양쪽 다? 그건 힘들겠는걸." (공감)

"힘들어. 처가가 시즈오카, 본가는 나고야라서 고속열차의 노선이 같긴 하지만."

"처가가 시즈오카, 본가가 나고야였구나." (반복)

이 대화에서 말을 듣는 사람은 중요한 정보를 반복하며 말한다. 간단한 기술이지만 이런 태도가 몸에 배지 않은 사람은,

"꽤 멀리 떨어져 있네. 꼭 양쪽 다 안 가도 될 텐데."

하고 감상과 의견을 말해 버린다. 대화의 분위기를 깰 정도는 아니지만 말하는 사람은 보통 자신을 이해해 주기를 바라는 기대 심리가 있기 때문에 일단 듣는 사람이 말하는 사람의 마음을 이해해 주는 것이 좋다. 공감과 반복을 우선한 다음 감상과 의견은 그 후에 말한다.

무관심을 관심으로 바꾸면
자신의 세계가 넓어진다

　상대의 이야기를 이해하려고 해도 잘 모르는 화제나 흥미 없는 내용일 때는 적극적으로 듣고 싶은 기분이 들지 않는다.
　그럴 때 우리는 따분하더라도 어른인 만큼 겉으로 기분을 드러내지 않는다. 그러나 말하는 사람은 듣는 사람의 태도와 반응에 민감하다. 사소한 몸짓이나 표정만으로도 듣는 사람이 무관심하다는 걸 느낄 수 있다.
　예를 들면, 한창 말하고 있을 때 듣는 사람이 잠깐 시선을 돌리기만 해도 자신의 이야기에 흥미를 느끼지 못하는 것으로 받아들인다. 또 '아~' 하고 맞장구를 치면서도 중간에 살짝 아래를 내려다보면 다른 생각을 한다고 받아들인다.

그렇다면 듣는 사람은 말하는 사람에게 들키지 않도록 속마음을 교묘히 감추는 기술을 찾아야 할까, 아니면 자신의 무관심에 신경을 써야 할까?

물론 정답은 후자다.

관심을 기울여 상대의 이야기를 들으면 자신에게도 도움이 되기 때문이다.

'나는 진리의 드넓은 바다 앞에서 조약돌을 발견하고는 즐거워하는 아이였을 뿐이다.'

17~18세기에 활약한 영국의 천재 과학자 아이작 뉴턴이 한 말이다. 경험하지 못했거나 모르는 것은 진리의 드넓은 바다에 가서 직접 그릇으로 퍼 보지 않으면 알 수 없다. 그것을 가능하게 하는 것이 '듣기'라는 행위다.

타인의 이야기가 항상 재미있을 리는 없다. 따분할 때도 많다. 그러나 따분하다고 지겨워할지, 아니면 흥미를 갖지 않았던 새로운 경험과의 만남이라고 생각할지, **'재미'는 자신이 생각하기 나름이다.**

일류 리스너는 흥미와 관심이 많다

이것은 나의 경험담으로, 일류 리스너를 만났을 때의 이야기다.

나는 와인에 대해 잘 모른다. 맛이 좋다고 생각하는 브랜드도 있기는 하지만 즐겨 마시는 와인은 없다. 반면에 사케는 좋아해서 브랜드며 주조법에 관심이 많고, 지식도 꽤 있다고 자부한다.

그런 나에게 와인 이야기를 장황하게 늘어놓는 사람이 있었다. 퇴근 길에 종종 들르는 술집에서 우연히 옆자리에 앉은, 나보다 꽤 나이가 적어 보이는 젊은 남성이다. 처음에 나는 그가 별 흥미 없는 와인 이야기를 할 때마다 고개를 끄덕여 보였는데, 차츰 내가 거의 반응을 하지 않아서인지 그가 먼저 화제를 바꿔 버렸다.

그 이후로도 몇 달 동안 그 가게에서 그를 꽤 자주 봤다. 그러는 사이에 나도 그에게 내가 좋아하는 사케에 대해 많은 이야기를 하게 됐다. 어느 날, 그가 나에게 "사케 모임이 있는데 같이 가실래요?" 하고 권했다. 알고 보니 내 이야기를 듣고 사케에 관심을 갖게 되어 주말에는 양조장 투어도 했다는 것이다. 결국 그는 사케에 대해 나보다 더 많은 지식을 갖게 되었다.

나는 그의 와인 이야기에 별 관심을 보이지 않았는데, 그는 자신과 취향이 다른데도 나를 멀리하지 않고 **내가 하는 사케 이야기에 관심을 갖고 들어 준 것이다. 게다가 듣는 것에 그치지 않고 관련 지식을 쌓기 위해 직접 행동했다.**

그와는 지금까지도 교류를 이어 오고 있으며, 현재 그는 나의 사케, 와인 선생님이다. 이후에 나도 와인에 관심을 갖게 되어 관련 자료를 조사하고, 실제로 맛보면서 조금씩 매력을 느끼게 되었다.

무관심을 관심으로 바꾸면 자신의 세계는 넓어진다. 그렇게 새로운 세계로 발을 내디뎌 더 많은 사람과 교류하는 것이 일류 리스너라는 사실을 깨달았다.

듣는 행위는
무의식의 자기주장이 되기도 한다

"왜 그래요? 뭐 신경 쓰이는 일이라도 있어요?"

대화 중에 표정이 어두워지거나 뭔가 할 말이 있는 듯한 표정을 지으면 이런 말을 들을 때가 있다.

여러분도 실제 대화에서 이런 경험을 해 본 적이 있을 것이다.

이때 말하는 사람은 듣는 사람이 보내는 무언의 메시지를 알아차린다. 표정이나 시선에서 뭔가 하고 싶은 말이 있을지 모른다고 판단해 상대를 의식하게 되는 것이다.

듣는 행위는 표정과 태도가 동반되기 때문에 자기주장이 될 수 있다.

쉬운 예로, 회사의 직원 채용 면접을 들 수 있다.

이때 지원자는 어떻게 해야 면접관의 질문에 잘 대답할 수 있을지를 생각한다. 그러나 사실 면접관은 지원자의 듣는 자세에도 주목한다. 지원자의 자세를 살피면서 과연 흥미롭게 듣고 있는지 그 마음을 읽는 것이다.

그래서 지원자가 혹여 **자기 차례에서 질문에 잘 대답했다고 생각하고 방심하면, 다른 사람의 이야기를 들을 때의 자세에 미처 신경 쓰지 못해 감점을 받을 수 있다.** 태도나 반응이 시원찮고 주위의 이야기를 흘려들으면 경솔해 보여서 일도 임시방편으로 해 버릴 것 같은 인상을 줄 가능성이 있다.

거듭 말하지만, 듣는 행위는 이야기에 귀를 기울이는 것이 전부가 아니라 자신의 의사와 생각을 표현하는 또 하나의 수단이라고 생각하자. 듣는 자세를 통해서도 자신의 진지함, 강한 의지를 나타낼 수 있고, 경우에 따라서는 반론을 주장할 수 있으며, 말하는 사람에게도 적극적인 태도를 요구할 수 있다.

듣는 태도에 주장이 드러난다

나는 1년에 꽤 여러 번 행정직원들을 대상으로 '주민 설명회 실천 훈련' 연수를 진행한다. 연수 참가자는 도로 공사와 조성금 제도 등을 담당하는 직원들인데, 이들은 많을 때는 매주 주민 설명회를 연다.

어느 날, 수강자들에게 현장에서 겪은 체험에 대해 물은 적이 있다.

어떤 사람은 단상에 선 순간 설명회에 대한 주민의 의견을 손바닥 보듯 훤히 알 수 있다고 했다. 무슨 말인가 하면, **그 의제에 반대하는 주민이 많으면 그들의 표정이나 자세만으로 설명회장의 분위기가 얼어붙는다고 한다.** 대화로 소통하기 전에 주민들의 주장은 이미 그 태도에 드러난다는 것이다.

듣는 사람의 주장이 태도에 드러나는 것은 외국에서 더욱 뚜렷하게 나타난다. 서양의 텔레비전 드라마를 보면 상대가 말하기 전에 미리 과장된 리액션으로 자신의 주장을 나타내는 경우를 종종 볼 수 있다.

예를 들면, '믿을 수 없다, 그럴 리 없다'라는 의미는 양팔을 펼치고 입을 벌려 나타내고, 기쁠 때는 한쪽 손을 가슴에 대고 턱은 몸 쪽으로 끌어당긴 채 눈을 깜빡거리며 자신의 감정을 전달한다.

반응과 태도로 먼저 의사를 전달하면서 여기에 말을 추가하기 때문에 매우 알아듣기 쉽다. **이런 비언어적 의사소통을 습득하는 것도 일류 리스너가 되기 위해 절대 지나쳐서는 안 되는 일이다.**

비언어적 소통을 의식하며 이야기를 듣는다

　언어 외에 태도나 표정 등으로 메시지를 전달하는 것을 '비언어적 의사소통(Nonverbal communication)'이라고 한다. 소통에서는 언어와 비언어 둘 다 중요한 요소다.
　단, 비언어적 의사소통은 말하는 사람보다는 듣는 사람에게 중요하다. 듣는 사람의 태도가 말하는 사람에게 영향을 주는 것은 비언어적 의사소통이 존재하기 때문이다.
　비언어적 의사소통에 관한 연구로 유명한 미국의 심리학자 레이 버드위스텔(Ray Birdwhistell)은 다음과 같은 연구 결과를 발표했다.

　'두 사람 사이의 대화에서 언어로 전달될 수 있는 메시지(커뮤니케이션의 내용)는 전체의 35%에 불과하다. 나머지 65%는 말할 때의 모습, 동작, 제스처, 말과 말 사이의 간격 등 언어 이외의 수단으로 전달된다.'

즉, 소통에서 비언어의 역할 또한 매우 크다. 따라서 커뮤니케이션 도중 듣는 사람이 별 생각 없이 취한 동작이나 표정이 말하는 사람에게 어떻게 보일지 주의해야 한다.

그리고 **언어보다는 비언어에 그 사람의 속마음이 드러나기 쉽다는 점을 알아 두어야 한다.** 말은 교묘한 거짓말로 얼버무릴 수 있지만 태도나 표정은 쉽게 얼버무릴 수 없다.

"요즘 진지하게 이직을 생각 중이야."

상대가 그렇게 말하면서 히죽거리는 표정을 지었다면 당신은 어떤 생각이 들까? 그 사람의 말은 진심이 아니라고 판단할 것이다.

언어와 비언어가 불일치할 때 듣는 사람은 보통 비언어 쪽을 신뢰한다. 그렇기 때문에 듣는 사람은 항상 언어와 비언어의 일치를 의식해야 한다. 바꿔 말하면, **오해받을 만한 비언어 메시지를 전달하지 않도록 주의해야 한다는 것이다.**

실제로, 듣는 사람이 의식해야 할 비언어적 의사소통에는 몇 가지가 있다. 여기서는 대표적인 4가지 유형을 살펴보자.

① 팔짱을 끼지 않는다

팔짱을 끼면 잘난 척하는 인상을 준다. 또한 상대에게 벽을 쌓는 듯한 인상을 주어 말하는 사람이 친근감을 느끼지 못한다. 따라서 이야기를 들을 때는 팔짱을 끼지 않고 가능한 한 자연스레 팔을 움직여 동적인 몸짓을 보이자.

② 상체를 앞으로 살짝 숙인다

보통 상체를 앞으로 살짝 숙여 듣는 것은 진지한 자세의 상징으로 여겨진다. 말하는 사람과 얼굴을 마주하고 있다면 상체를 앞으로 살짝 기울이고 듣는 자세를 취해 보자.

③ 눈을 보고 표정을 일치시킨다

듣는 사람의 시선이 흩어질 경우, 이것은 말하는 사람에게 집중해서 '듣지 않고 있다'라는 비언어 메시지로 전달된다. 따라서 상대의 눈을 바라보며 이야기를 듣는 것은 물론, 상황에 맞는 적절한 표정을 짓는 것이 중요하다.

예를 들면, 손님을 맞이할 때는 가볍게 미소를 지어 보이고, 상담이나 회의를 할 때는 진지한 표정을 지으며 듣는 것이다. 시선이 상대에게 미치는 영향력은 비언어 커뮤니케이션에서 가장 강력하다는 사실을 잊어서는 안 된다.

④ 좋은 인상은 웃는 얼굴이나 제스처에서 나온다

　외모가 뛰어난 여성이나 남성은 조금 더 편안한 커뮤니케이션이 가능하다. 그만큼 비언어적 메시지는 긍정적으로 해석되어 언어를 보완해 주기 때문일 것이다.

　외모가 아름다운 사람은 좋은 인상을 주어 그 사람이 하는 말이 긍정적으로 받아들여지는 경우도 있다. 그러나 좋은 인상은 표정이나 태도 같은 일련의 행동으로 판단되므로 자신의 외모를 탓할 필요는 없다. 비언어와 언어가 서로 일치해 긍정적으로 받아들여질 수 있도록 인상을 좋게 하려면 웃는 표정을 짓거나 제스처를 사용하는 등 몸의 움직임에 신경 쓰면 된다.

| 제 3 장 |

인망이 높은 사람은 듣는 자세가 다르다

상대가 말하기 쉬운 환경을 조성해 의견을 구한다

여러 사람이 모여 회의를 할 때면 종종 쉽게 의견이 모아지지 않는 경우가 있다. 그럴 때 회의 진행자는 어떻게 대응해야 할까? 사실 이 경우는 리스너로서의 능력을 시험받는 상황 중 하나다.

어떤 회사에서 참가 예정인 포럼이 있다고 하자. 포럼을 준비하기 위해 모인 직원들이 서로 이런저런 의견을 내지만 하나로 정리하기는 쉽지 않다.

"애당초 일정부터가 좋지 않아."

"이 포럼에는 A사도 나오는데 거기는……."

하는 식으로, 주제에서 벗어나는 이야기까지 나오며 좀처럼 수습이 되지 않는다. 그때 한 사람이 의견을 정리하기 위해 이야기를 꺼냈다고 하

자. 이런 상황에서는 보통 진행자가,

"여러분, 잠깐 조용히 하세요. A씨의 의견을 들어 봅시다."

와 같은 식으로 다른 참가자들의 발언을 저지하며 그 사람의 의견을 듣도록 유도한다.

그렇다면 의견 정리를 위해 목소리를 내려던 사람은 진행자가 이처럼 상황 정리를 해 줌으로써 말하기가 좀 더 쉬워졌을까? 그에게 발언할 기회를 준 진행자의 통제 능력이 과연 뛰어나다고 할 수 있을까?

말하기 쉬워지기는커녕 오히려 참가자들의 불편한 시선만 집중시킬 뿐이다. '뭔데? 말해 봐.' 하는 듯한 무언의 압력을 느낌으로써 긴장감이 높아져 의견을 제대로 말하기 어려울 수 있다.

따라서 이런 상황에서는 **먼저, 목소리가 가장 큰 사람에게 주목시키는 것이 요령이다.**

"사토 씨, 당신의 의견을 말해 보겠습니까?"

이렇게 말하면서 일단 분위기를 진정시킨 다음, 목소리가 큰 사람이 말하게 한다. 그런 다음 두 번째로 진짜 의견을 듣고 싶은 사람을 지명한다.

"그럼 곤도 씨, 지금까지 들어 본 의견들에 대해 어떻게 생각하십니까?"

이런 식으로 진행하면 의견을 정리해 주려 했던 사람은 좀 더 편한 분위기에서 자신의 의견을 말할 수 있다.

디스커션 리딩(discussion leading)을 개발한 하버드 대학의 크리스 크리스텐슨(Chris Christensen) 교수는 회의를 창조적으로 이끌기 위한 비결에 대해 이렇게 말했다.

"여러 명이 참가하는 회의의 경우, 다수파는 수가 많다는 것만으로 유리해진다. 따라서 회의 진행자는 소수파에 가담해야 한다."

회의를 이끄는 방법 중 하나로 참고가 될 만한 비결이다. 일류 리스너는 발언자가 말하기 쉬운 환경을 만들어 주는 능력을 지닌 사람이다.

적은 인원일 때 말하기 쉬운 환경 만들기

말하기 쉬운 환경은 다수가 모이는 회의에서만 중요한 것이 아니다. 둘이나 셋 정도만 참여하는 소규모 회의에서도 마찬가지로 중요하다.

예를 들어, 부하에게 성가신 일을 부탁하기 위해 회의실로 불러 설득하는 상황을 상상해 보자. 회의실로 들어가기 전, 당신은 그 일의 중요성과 부하의 능력에 대한 기대 등 해야 할 말을 정리할 것이다.

그럼, 부하를 마주한 뒤에는 어떻게 말을 꺼내는 것이 좋을까?

"실은 지금 하고 있는 업무 외에 새로 시작하는 프로젝트에 자네가 필요하네. 이 프로젝트는 회사로서도……."

대개는 이렇게 말을 꺼낼 것이다. 그러나 이렇게 시작하는 건 좋지 않은 방법이다. 먼저 **성실한 리스너가 되어야 한다**.

"실은 번거로운 일을 부탁하고 싶어서 불렀네. 물론 강요할 생각은 없으니까 현재 자네의 업무 상황을 말해 주었으면 해."

먼저 상대의 현재 상황에 대한 이야기를 들으려는 자세를 보이는 것이 중요하다. 그런 다음 부탁할 일이 부하에게 어느 정도로 부담이 될지 함께 생각하고 타협점을 찾는다. 그렇게 하지 않으면 부하는 쉽사리 그 부탁을 받아들이지 않을 것이다.

일단은 부하가 먼저 말하게 하고, 그것을 들을 준비를 하는 것이 설득과 협상의 철칙이다.

하버드식 협상술로 유명한 로저 피셔(Roger Fisher)도 저서 <YES를 이끌어내는 협상법(Getting to Yes)>에서 '상대의 이야기에 귀를 기울이는 것은 협상에서 할 수 있는 최초의 양보'라고 말한다.

말하기 쉬운 환경을 만드는 것은 듣는 사람의 책임이다.

본질에 초점을 맞춰
상대가 하고 싶어 하는 말을 끌어낸다

 부하가 업무 보고를 할 때 상사는 '결론부터 말하라'는 말을 자주 한다. 보고를 받는 사람 입장에서는 결론부터 듣는 것이 전체적인 요점을 쉽게 이해하는 데 도움이 되기 때문이다.

 반면, 부하는 자신이 그 결과를 내기 위해 얼마나 애썼는지에 대해 먼저 말하고 싶고, 긍정적인 평가를 받기 원한다.

 다음 장면은 대형 안건을 진행하고 있는 상사와 부하의 대화다.

 "어때, 잘될 것 같아?"

 "그게, 저쪽 부장이 꽤 깐깐한 인물이에요. 담당자는 응원해 주기는 하는데……."

 "뭐야, 그럼 안 되는 거야?"

"아니, 아직은 아닙니다. 기획서를 새로 써서 제출하기로…….."

"그걸 먼저 말해야지!"

이것은 부하가 결론부터 말하지 않아서 질책을 당하는 유형이다. 그러나 상사가 우수한 리스너라면 대화는 이와 다르게 흘러간다.

우수한 리스너는 "그걸 먼저 말해야지!" 대신 "오! 아직 가능성이 있군!"이라고 말한다. 그럼 부하와 상사의 대화는 다음과 같은 식으로 전개될 수 있다.

"네. 다만 재수정을 할 때 저쪽이 희망하는 기한에 맞출 수 있을지, 그 문제로 솔직히 머리가 아픕니다."

"그래? 저쪽이 원하는 건 언제지?"

즉, 결론부터 말하지 않는 부하를 질책하기보다 **문제의 본질에 초점을 맞춰 부하와 상의하는 것이 우수한 리스너**인 동시에 좋은 상사의 태도다.

물론 보고를 할 때는 '결론부터 말하는 것'이 원칙이다.

그러나 회사에서 일을 하는 목적은 성과를 내는 것이다. 원칙대로 하지 않는 부하의 태도만 문제 삼는 것은 시야가 좁은 행동이다. 말의 순서를 따지기보다 부하가 하고 싶은 말을 할 수 있도록 유도해야 좋은 성과를 얻을 수 있다.

따라서 상사는 부하가 하고 싶은 말을 편하게 할 수 있도록 도량이 넓어야 한다. 말을 듣는 쪽이라 해도 말하는 사람이 원하는 바를 들어 주면서 중요한 정보에 접근하는 것이 이상적인 자세라고 할 수 있다.

가족 간에도 상대가 하고 싶어 하는 말을 들어 준다

위와 같은 자세는 가족 간에도 마찬가지다. 상대가 하고 싶은 말을 할 수 있게 해 주어야 한다. 자녀가 그날 있었던 일을 이야기하고 있는데 부모가 중간에 끼어들어 다른 말을 하면 아이는 실망한다.

다음은 학교에서 돌아온 아이와 엄마의 대화 내용이다.

"오늘 방과 후 활동에서 1학년 탁구부원 중에 누가 탁구를 제일 잘하는지 시합했어. 리그전이라 여섯 명하고 겨루었더니 너무 힘들어. 마지막 시합에서는 스매싱을 하다 라켓을 놓쳤는데 탁구대 모서리에 부딪치는 바람에 블레이드가 깨졌어."

이때 엄마가 리스너로서의 자질이 부족한 경우에는 이렇게 대답한다.

"그 라켓 비싼 거잖아! 조심했어야지, 아까워라."

"앞에 있던 애가 맞기라도 했으면 다칠 뻔했잖아. 조심해."

엄마가 이렇게 반응한다면 말하고 싶은 아이의 기분을 충족시켜 주지 못한 채 주의만 준 것이 된다. 따라서 이런 대화에서는 **먼저 아이의 말에 공감해 주고 그런 다음 아이가 더 말할 수 있도록 분위기를 만들어 주는 것이 이상적이다.**

"라켓은 아깝게 됐지만, 아무튼 모두 열심히 했네! 결과는?"

또 다음과 같은 경우도 뛰어난 리스너의 태도라고 할 수 있다.

"그 스매싱이 먹혔어?"

"당연하지! 그걸 어떻게 받아 낼 수 있겠어. 게다가 난 라켓도 없잖아."

"하하! 그러네. 그래서 결과는?"

"이겼어! 내가 1등이야!"

"와, 대단하다!"

이 대화의 포인트는 아이가 무엇을 말하고 싶어 하는지 발견하는 것이다. 여기서는 불쑥 시합 결과를 묻는 것이 아니라 라켓이 날아갈 만큼 강한 스매싱 공격을 한 것에 초점을 맞춰 아이의 기분을 충족시킨다.

상대가 말한 것에 대해
긍정적인 감상을 표현한다

인간관계 전문가로 유명한 미국의 심리 카운슬러 레스 기블린(Leslie T. Giblin)은 <사람의 마음을 움직이는 인간관계의 기술(How to Have Confidence and Power in Dealing with People)>에서 다음과 같이 말한다.

'상대에게 좋은 인상을 주고 싶다면 자신의 대단함을 과시할 필요는 없다. 상대에게 감명을 주는 가장 효과적인 방법은 자신이 상대에게 감명받은 것을 전달하면 된다.'

그렇다면 당신은 상대가 말해 준 내용에 대한 긍정적인 감상을 얼마나 잘 전달할 수 있을까? 애써 해 준 말에 '그렇지.' '그렇구나.' 정도의 대꾸로 끝내지는 않을까?

듣는 사람의 긍정적인 평가는 말하는 사람에게 중요한 의미를 지닌다.
자신의 이야기가 듣는 사람에게 어떻게 해석되고, 또 어떤 영향을 주는지 알고 싶어 하기 때문이다. 그리고 그것은 듣는 사람만이 전할 수 있는 것이다.

다음은 어떤 회사의 사장으로부터 들은 이야기다.

그 사장은 회사 홈페이지의 데이터베이스가 해킹당해 홈페이지를 클릭하면 다른 사이트로 이동되는 피해를 입었다고 했다. 그 사실을 알았을 때는 이미 쉽게 해결할 수 있는 상태가 아니어서 홈페이지 복구 회사에 해결을 의뢰했다. 그러자 반나절 만에 해킹당한 부분이 모두 해결되었고, 홈페이지는 다행히 원래 상태로 복구되었다. 전문가는 보안상의 중요한 조언까지 해 주었다.

사장은 복구 회사의 이와 같은 대응에 몹시 감동했다. 그래서 일련의 내용을 지인과 친구에게 들려주었다. 그러나 홈페이지 해킹이 주변에서 흔히 일어나는 일이 아니어서인지 "그런 회사도 있군. 다음에 나도 소개해 줘."라는 정도의 반응이었다고 한다. 사장은 자신이 느낀 감동이 지인들에게 잘 전달되지 못한 것에 안타까워했다.

그런데 그 가운데 한 명은 다른 반응을 보였다.

"우리도 홈페이지를 직접 운영하고 있고 별문제 없겠지, 하고 생각했는데 이야기를 들어 보니 우리도 해킹당할 수 있겠네요. 무슨 일이 있을 때 그런 대응을 해 주는 전문 회사가 있으면 마음이 든든할 것 같아요. 저는 그런 좋은 회사가 있는 줄도 몰랐는데, 덕분에 유익한 정보를 얻었습니다. 게다가 비용도 저렴하다니, 기술에 자신이 있나 봐요."

"네, 그래요!"

사장은 힘껏 고개를 끄덕였다. 그 사람이 자신이 느끼고 감동한 부분을 정확하게 언급해 준 것이다. 사장은 자신이 말하고 싶었던 내용이 상대에게 잘 전달된 것은 물론, **복구 전문가의 실력을 그 사람의 가치 기준으로 평가해 준 것에 보람을 느꼈다고 한다.**

이 에피소드로도 알 수 있듯이 **듣는 사람은 자신이 느낀 긍정적인 감상을 말하는 사람에게 잘 전달해야 한다.** 물론 말하는 사람에게 좋은 인상을 주기 위해 감상을 억지로 만들어 내 연기한다면 들통날 수 있다. 그러나 지금까지 감동이나 감탄을 마음속에 담아 두기만 했었다면, 그 마개를 열어 보자. 단순히 듣기만 하는 사람에서 일류 리스너로 성장할 수 있는 기회다.

말하는 사람의
고민과 고통을 이해한다

　복잡한 세상을 사는 현대인은 수많은 고민과 고통을 안고 있다. 예를 들면, 직장 내 인간관계로 고민하거나 장래에 대한 막연한 불안감을 느끼는 사람이 많다.

　그런 고민과 고통은 마음속에 오래도록 남아 있거나 순간적으로 사라지기도 하는데, 그것을 **제때에 잘 알아들을 수 있는 사람이야말로 일류 리스너라 할 수 있다.** 말하는 사람은 자신의 고민을 털어놓음으로써 마음이 치유되고 안심할 수 있으며, 듣는 사람과의 소통에 만족감을 얻기 때문이다.

　나에게는 같은 업종에 종사하는 지인이 있는데, 나는 그에게 중소기업 경영자로서의 고민을 솔직히 말할 수 있다. 그는 나의 고민을 잘 들어 주고 이해해 주기 때문이다. 그와 나에게는 같은 일, 입장, 고민을 겪고 있다는 공통점이 있다. 그와는 자주 대화하고 싶고, 속마음을 털어놓으면 마음이 한결 가벼워진다.

누군가의 고민을 잘 들어 주기 위해서는 같은 경험을 공유하거나 성숙한 인성을 갖춰야 하지만, 이것을 생각보다 쉽게 실천할 수 있는 방법도 있다. 여기서는 두 가지 방법을 소개한다.

① 사건이 어떠한 영향을 미칠지에 대해 상상한다

어느 회사의 사장으로부터 들은 이야기다.

한번은 직원 두 명이 갑자기 퇴사한 적이 있었다고 한다. 원래 직원이 적었던 터라 두 명이 동시에 나가 버리면 회사 입장에서는 타격이 클 수밖에 없었다. 사장이 그 일을 주위에 푸념하듯이 말하자,

"젊은 사람들은 원래 그래요. 다시 채용하면 되잖아요."

하고 격려해 주는 사람도 있고,

"스스로 나가 주었다니 다행이네요. 막상 그만두라고 하면 쉽게 나가지 않거든요."

하고 조언해 주는 사람도 있었다. 하지만 그 사장에게 최고의 리스너는,

"힘들겠군. 사내 분위기도 가라앉았을 테고. 회사가 그 직원들에게 뭘 잘못했나 하는 생각에 과연 자신의 경영 방법이 옳은가에 대한 의

심도 들었겠지."

하고 말해 준 사람이었다. 젊은 직원이 갑자기 두 명이나 그만두었을 경우 그것이 회사에 어떤 영향을 미칠지를 상상해 말로 표현한 것이다. 그 사람은 사장과는 다른 업종에 종사하는, 고등학교 동창이었다. 그가 한 말은 격려도 아니고 조언도 아니다. 상황에 따라서는 말하는 사람의 고통을 이해해 주는 사람이 최고의 리스너가 될 수 있음을 보여 주는 좋은 예다.

② 타인의 기분은 완전히 이해할 수 없다는 것을 인지한다

상대가 무얼 느낄지 상상하는 노력은 매우 중요하다. 그러나 사람은 각자 느끼는 방식이 다르다. 아무리 진지하게 생각하려고 노력하더라도 상대의 감정을 복사하듯 완전히 똑같이 느낄 수는 없다. 그런 점을 인지하고 듣지 않으면 '이해한다'고 말해 봤자 말하는 사람의 마음에는 '당신이 알 리 없다'는 반발심이 생길 수 있다.

"당신의 기분을 완전히 이해할 수는 없지만, 저 같아도 무척 억울했을 거예요."

이렇게 받아 주면 말하는 사람이 기뻐하지 않을까?

다음은 영화 속 대사인데 할리우드 영화에는 말하는 사람의 기분과 감정을 완전히 이해할 수 없다는 점을 인지한 응답이 자주 나온다.

"그녀에 대한 당신의 진심은 상상할 수밖에 없다. 그러나 당신처럼 되고 싶다."

"당신이 맛본 것을 진정한 의미에서 내가 이해할 수는 없지만, 힘들었다는 것만큼은 봐서 알겠다."

이 말들은 모두 안이한 동조가 아니다. 다른 사람은 절대 알 수 없는, 본인만이 아는 것이 존재함을 인정하면서 동시에 자신의 감상 또한 포함시켜 한 응답이다.

이런 방식의 말을 들을 수 있다면, 말하는 사람도 편안함을 느끼지 않을까?

상대의 말을 끝까지 듣기 위해서는 짧은 침묵도 중시한다

사람의 말을 끝까지 듣는 것은 쉬운 듯 보이지만 사실 어려운 일이다.

시간이 정해져 있지 않으면 이야기가 언제까지 계속될지 모르고, 또 끝까지 듣기 위해 참다 보면 한없이 이야기를 늘어놓는 사람도 있다.

실제로 '남의 이야기를 끝까지 들을 수 있느냐'는 물음에 대답하기 난처해하는 사람이 많다. 그러나 말하는 사람은 상대가 자신의 이야기를 끝까지 들어 주기를 바란다.

그럼 이야기를 끝까지 들으려면 어떻게 해야 할까?

"이제 할 말 다 하셨나요?"

하고 상대에게 묻는 것은 실례다. 어떻게 해야 이야기를 끝까지 들을 수 있는지 모른다면 다음의 두 가지를 의식해 보자.

① 짧은 침묵을 중시한다

어떤 이야기든 내용상 끊어지는 부분이 있게 마련이다. 그 부분은 대개 다음 이야기로 넘어가는 전환점일 때가 많다. **내용상 일단 끊어지는 부분에는 '틈'이 생기기 때문에 듣는 사람은 이야기가 끝났다고 착각하기 쉽다.** 하지만 자칫 잘못 끼어들면 일류 리스너가 될 수 없다.

다음은 우리 회사가 기업 연수에서 사용하는 텍스트를 작성했을 때의 이야기다. 우리 회사는 기업별로 연수 프로그램을 따로 만드는데, 그때마다 매번 텍스트도 직접 준비한다.

어느 날, 한 직원이 내 자리에 와서 이런 의뢰를 했다.

"후쿠다 씨, 텍스트를 만들어 주셔야겠어요. 기한은 2주일 뒤이고, 고객의 요청 사항은 이 용지에 적어 두었습니다. 커리큘럼은 여기 있고, 참고 자료도 첨부했습니다. 괜찮죠?"

"네, 괜찮습니다!"

나는 기분 좋게 대답하고 자료를 받았다. 그러자 직원은,

"참고로, 케이스 스터디에 사용할 사례도 부탁드려요. 세 가지의 사례가 필요합니다."

하고 추가 사항을 말했다. 그런데 그 말을 듣는 순간, 마음에 걸리는 것이 있었다. 텍스트 작성은 연수비에 포함해 받지만 사례 작성은 조사하는 데 적지 않은 시간과 품이 들기 때문에 별도로 비용을 청구한다. 나는 문득 그 생각이 나서,

"그 회사는 사례 작성비는 추가로 지불해야 한다는 걸 알고 있나요? 게다가 2주 안에 세 가지 사례를 만드는 건 조금…… 애당초…….."
하고 직원의 이야기를 끝까지 듣기 전에 나의 생각을 말해 버렸다. 그러자 직원이 이어 말했다.

"후쿠다 씨, 제 말을 끝까지 들어 주세요. 사례 작성이 필요하기는 한데, 이 커리큘럼을 보면 아시겠지만 다른 회사에서 실시했던 것과 내용이 유사해요. 그래서 새로 만들 필요 없이 그때 작성했던 것을 사용하면 될 것 같습니다."

"아, 그렇군요. 미안합니다."

나는 직원의 말을 끝까지 듣지 않고 서둘러 말해 버린 것을 후회했다. 그리고 '끝까지 듣는다'는 리스너로서의 태도를 취하지 못한 것을 반성했다.

이처럼 이야기가 내용상 잠시 끊어진 부분에서 잘못 끼어들면 이야기의 맥이 끊겨 버린다. **이런 실수를 방지하려면 이야기가 완전히 끝났는지 상대의 표정과 태도를 살펴야 한다. 또 짧은 침묵이 갖는 의미를 중시한다.**

말이 끊어지고 상대가 잠시 사이를 두면 조용히 기다린다. 그리고 다음 말을 듣는다. 간단해 보이지만 의외로 많은 사람이 이를 제대로 실행하지 못한다. 침묵에 대한 두려움 때문에 머릿속에 떠오른 것을 순간적으로 말하고 싶어도 참자.

② 말하는 사람에게 확인한다

앞서 언급한 것처럼 말하는 사람에게,

"이제 할 말 다 하셨나요?"

하고 묻는 것은 실례다. 이렇게 물어보면 상대는 이야기를 빨리 끝내기를 바라는 것으로 여겨 불쾌감을 느낄 수 있다. 경우에 따라서는 실제로 화를 내기도 한다.

그러나 정말로 이야기가 언제 끝날지 알 수 없을 때는 상대에게 확인하는 수밖에 없다.

그렇다면 상대에게 불쾌감을 주지 않고 확인하는 방법은 없을까? 이렇게 말하는 것은 어떨까?

"그 외에 달리 들어 두어야 할 이야기가 있나요?"

이 대사의 포인트는 **듣고 싶다는 기분을 어필해 상대의 친절을 자극하는 것이다.** 비슷한 말이라도 듣는 입장에 따라 전혀 다른 인상을 주게 된다.

"또 뭐 있어요?"

하고 물으면 차가운 인상을 주고,

"또 하고 싶은 말 있어요?"

하고 물으면 고자세가 되어 버린다. 이와 같이 사소한 표현이라 할지라도 상대방의 입장에서 생각해 보는 것 또한 일류 리스너가 갖추어야 할 자세다.

젊은 사람은 사소한 표현의 차이에도 민감하다?

대부분의 젊은 사람들은 사소한 표현의 차이에도 받아들이는 방식이 다르다.

어느 기업의 의뢰로 입사 2년차 직원들의 연수를 담당했을 때의 일이다. '신입 때 일의 의욕을 떨어뜨린 상사의 한 마디'라는 주제로 참가자들이 그룹을 이루어 토론했는데, 한 그룹에서 다음과 같은 의견이 나왔다.

"선배나 상사가 '모르는 게 있으면 물어보라'고 했을 때 기분이 별로랄까? 가능한 한 묻고 싶지 않았어요."

"그게 안 좋은 말인가요? 신입 때는 모르는 것이 많으니까 언제든지 물어봐도 좋다는 의미로 친절을 베푼 게 아닐까요?"

내가 놀라서 그룹의 다른 참가자들에게 묻자,

"그런 말은 동등한 눈높이에서 친절을 베푼다는 느낌보다는 약간 고자세 같은데요. 말투에 따라 다를 수 있지만 뭔가 잘난 척하는 것처럼 들려요."

하고 참가자들은 입을 모아 말했다.

"그럼 2년차인 여러분은 갓 입사한 신입에게 뭐라고 해요?"

" '혹시 알고 싶은 게 있으면 나한테 알려 줘요'라고 말하죠."

뉘앙스의 차이에 따라 이렇게까지 다르게 받아들일 수 있다니, 솔직히 위화감이 드는 순간이었다. 어쩔 수 없이 나도 세대차를 느끼는 나이가 된 것 같았다. 한편으로는 같은 말이라도 사소한 표현의 차이로 이미지가 크게 바뀔 수 있다는 것을 실감했다.

아무튼 상대의 이야기를 끝까지 듣는 행위는 생각만큼 쉽지 않다. 또 이야기가 끝났는지 확인하기 위해서 위화감이 들지 않는 말이나 표현을 생각하는 것도 중요하다.

| 제 4 장 |

경청보다
한 걸음 앞서는
일류의 듣는 힘

말로 표현하지 않은 기분을
읽어 낸다

어른들은 보통 자신의 속마음을 쉽게 말하지 않는다. 상대에 따라 다르지만 원만한 인간관계를 위해서 속마음과 반대되는 말을 태연히 하는 사람도 있다.

또 말에는 한계가 있다. 자신의 감정과 생각을 어떻게 표현해야 상대에게 정확히 전달될지 한 번쯤 고민해 본 적이 있을 것이다. **전달하고 싶은 것이 있더라도 말로 다 표현할 수는 없기 때문에 상대가 하는 말을 곧이곧대로 들으면 내용의 본질을 놓칠 수 있다.**

그렇다면 감추어진 본심과 표현에 서툰 사람의 속마음을 알기 위해서는 어떻게 해야 할까?

① 가설을 세워서 듣는다

'설명력 강화하기'라는 주제로 어느 기업의 연수를 담당했던 적이 있다.

연수 중에 '기억에 남는 인상적이었던 일'이라는 제목으로 발표하는 시간이 있었다. 자신의 추억을 그룹의 멤버들에게 말하고, 그것이 어떻게 전달되었는지 확인해서 말하는 사람의 설명력 수준을 객관적으로 평가하는 작업을 위한 것이었다.

직장 생활 3년차인 한 남성은 대학 시절 서클 활동에 대한 이야기를 들려주었다. 기타를 연주하며 노래하는 서클이었다.

그 남성은 처음에는 기타를 연주하며 노래하는 것이 쑥스러웠는데, 매일 친구들과 이야기하고 연습하다 보니 차츰 재미를 느꼈다고 한다. 친구와 거리 공연을 했던 추억을 말할 때는 무척 신나 보였다. 또 마지막 축제를 즐긴 뒤 친구와 어깨동무를 한 채 울면서 집에 돌아갔다는 대목에서는 나도 눈물이 핑 돌 정도였다.

"그 시절 친구들과 나누었던 우정을 직장 동료들과도 쌓고 싶습니다."

그는 이렇게 이야기를 맺었다.

듣고 있던 멤버들은 '청춘의 한 페이지를 짧은 시간 동안 알기 쉽게 말해 주었다'며 높은 평가를 내렸다.

나 역시 그 남성이 생생하게 이야기를 해 준 덕분에 그가 당시에 느꼈던 감정이 잘 전달되었다고 여겼다. 그런데 동시에 한 가지 의문이 들었다.

왜 수많은 추억 중에 서클 친구들과의 우정 이야기를 선택했을까? '직장 동료들과도 우정을 쌓고 싶다'는 말도 마음에 걸렸다.

그래서 한 가지 가설을 세웠다. 어쩌면 **이 남성은 직장에서 동료들과 가깝게 지내지 못하는 것이 아닐까?** 직장에서의 얕은 인간관계에 불안을 느끼는 것일까?

그가 발표한 내용에 대한 나의 느낌을 전달하면서 다음과 같이 물어보았다.

"묘사력, 단어 선택이 뛰어난 설명이었습니다. 추억도 잘 전달되었고요. 하나 묻고 싶은 게 있는데, 서클 친구들과의 우정을 그리워하는 것은 직장 내 인간관계에 부족함을 느끼기 때문인가요?"

그는 잠시 난처한 표정을 짓더니 대답했다.

"그건 이 자리에서 말할 수 없습니다."

나의 추측이 맞았던 것이다.

연수에는 그의 직장 동료들도 함께 참가한 상황이었다. 그가 직장에서의 인간관계가 부족하다고 말한다면 비판으로 받아들여질 가능성도 있다. 따라서 그는 쉽게 속마음을 털어놓을 수 없었을 것이다.

이처럼 사람은 자신의 속마음을 쉽게 말하지 않는다. 그러나 **듣는 사람이 이야기를 통해 가설을 세우면 말하는 사람의 속마음을 알아차릴 수 있다.**

② '감정의 불일치'에 주목한다

말에는 감정이 동반한다. 상황을 설명할 때도 그 이면에는 말하는 사람의 감정이 존재하는 경우가 많다. 그리고 상황만 설명해 놓고 듣는 사람으로 하여금 감정까지 읽어 주기를 바라는 말투는 대다수의 일본인에게서 찾아볼 수 있다.

다음과 같이 말하는 사람이 있다고 하자.

"어렵게 낳은 아이를 잘 보살피고 싶은데 매일 야근하느라 그럴 수가 없어요."

이 말 어디에도 감정을 표현하는 말은 들어 있지 않다. 이때 이야기를 듣는 사람이,

"그렇군요."

하고 대답하면 반응이 없는 사람이라고 생각할 것이다. 이럴 때는,

"제 마음이 다 아프네요."

하고 **공감의 말을 건네는 것이 경청의 자세다.** 공감의 중요성에 대해서는 47쪽 '상대의 마음을 사로잡는 공감의 경청'에서 말한 바 있다.

말하는 사람의 기분과 감정에 주목하면서 공감하는 경청은 사회인이라면 당연히 갖춰야 할 자세다. 만일 당신이 일류 리스너가 되고 싶다면 이런 상황에서는 더욱 '감정의 불일치'를 의식해야 한다.

앞의 예와 비슷한 것으로, 다음 대화 장면을 살펴보자.

"아이가 태어난 지 이제 두 달 됐는데, 아~ 정말 귀여워!"

"좋겠다!"

"응, 너무나 사랑스럽고 귀여워. 오늘 아침에도 출근하려는데 자꾸 칭얼대서 혼났어."

이 경우, 공감의 표현을 한다면 '아침부터 힘들었겠다.' 하는 식의 말을 해야 할 것이다. 그러나 **말하는 사람이 아침부터 아기가 보챘다면서 싱글거리는 표정을 지었다면 어떨까?** 말하는 사람은 출근 전에 아기를 보는 일이 무척 즐거울 것이다. 따라서 듣는 사람은 말하는 사람의 말과 표정의 불일치를 파악해 상대의 본심을 읽어 주는 것이 정답이다.

"말은 그래도 아침부터 신났군."

이렇게 말해 줌으로써,

"하하! 맞아. 아이가 칭얼거리면 아내보다 내가 먼저 안아 주지."

하고 상대의 마음속 진심을 끌어낼 수 있다. 이때 말하는 사람은 자신의 기쁨이 상대에게 전달됐다고 느낄 것이다.

말에서 예측할 수 있는 감정과 표정, 행동에서 예측할 수 있는 감정의 차이를 '감정의 불일치'라고 한다. 이 점을 의식해서 공감할 수 있으면 한 단계 높은 수준의 리스너가 될 수 있다.

묻기 전에 상대가
말하고 싶어 하는 것을 끌어낸다

 언제, 어떤 질문을 해야 하는지 모르는 사람은 일단 자기 머릿속에 떠오른 것이 있으면 상대가 말하고 있는 도중에도 질문해 버린다. 또 대개의 경우, 그 질문으로 인해 이야기의 흐름이 깨진 것을 알지 못한다. 이런 실수를 하지 않으려면 질문을 참지 못하는 자신을 자각해야 한다.

그리고 질문이 대화에 어떤 영향을 미치는지도 알아 두어야 한다. 일류 리스너는 어떤 마음가짐으로 질문하는지 살펴보자.

① 질문할 때의 주의사항
질문은 그것을 말한 순간 상대에게 대답을 재촉하는 강제력이 있다. 말하는 도중에 질문을 받은 사람은 그 질문에 즉시 대답하지 않으면 안 된다는 압박감을 느낀다.

그 예로, 다음의 대화를 살펴보자.

"나, 드디어 내년에 결혼해."

"오! 축하해. 결혼식은 언제 올려?"

"내년 6월. 아직 멀었어. 그런데 예식 준비에 신경 쓸 게 많아서 힘들어. 며칠 전에도……."

말하는 사람은 매우 행복해 보인다. 그런 상황에서 듣는 사람이,

"그런데 결혼식 비용은 어느 정도로 예상해?"

하고 물었다. 말하는 사람은 당황하며,

"돈이 넉넉하지 않아서 초대는 70~80명 정도 규모로……."

하고 대답했다. 실제로 금전적인 여유가 없는 상태였으므로 듣는 사람의 이 갑작스러운 질문이 말하는 사람의 설렘과 기대로 부푼 마음에 찬물을 끼얹고 말았다. 그 후의 대화 분위기는 시큰둥해졌다.

이 대화의 문제점은, 듣는 사람이 머릿속에 떠오른 질문을 참지 못했다는 것이다.

물론 듣는 사람이 그 질문을 한 데는 여러 가지 이유가 있을 것이다. 나중에 자신이 결혼식을 할 때 참고하고 싶다, 이미 경험한 자신의 결혼식과 비교하고 싶었다, 혹은 요즘은 결혼식에 비용을 얼마나 쓰는지 궁금했다 등과 같은 이유 말이다.

그러나 말하는 사람은 결혼식 준비로 분주한 자신의 이야기를 들어 주기 바랐을 것이다. 예산이나 비용 같은 이야기를 하고 싶었던 것이 아니다. 즉, 말하는 사람이 전달하고 싶은 내용이 듣는 사람이 알고 싶은 내용과 반드시 일치하지는 않는다.

따라서 **듣는 사람은 묻고 싶은 것이 머릿속에 떠올라도 그것을 질문해도 될지 일단 생각해 볼 필요가 있다.** 질문이 떠올랐을 때는 다음의 세 가지를 순간적으로 머릿속에서 검토하자.

- 지금 해도 되는 질문일까? → 타이밍을 생각하자.
- 대답하기 쉬운 질문일까? → 상대의 기분을 배려하자.
- 상대는 뭐라고 대답할까? → 예측해 보자.

이 세 가지를 생각했을 때 경우에 따라서는 질문을 참을 수 있는 사람이 우수한 리스너다. 묻고 싶은 것이 떠올랐다고 바로 질문해 버리는 사람은 일류 리스너가 될 수 없다.

② 상대가 말하고 싶어 하는 것을 먼저 들어 준다

리스너로서 명심해야 할 것은, 자신이 묻고 싶은 것을 질문하기 전에 상대가 말하고 싶어 하는 것을 끌어내야 한다는 점이다.

사람은 누구나 자신의 이야기를 끝까지 들어 주기를 바란다. 듣는 사람이 말을 가로막거나 도중에 끼어들면 불편한 기분을 느낀다.

그래서 먼저 상대에게 충분히 말할 기회를 주어야 한다. **이야기를 잘 들어 주면 듣는 사람의 의견도 잘 받아 줄 수밖에 없다.**

당신이 리더가 되어 진행해야 하는 중요한 프로젝트가 있다고 하자. 그런데 인원이 부족해 다른 팀에서 한 명 더 지원을 받아야 하는 상황이다. 이 경우, 당신은 다른 팀에 어떻게 말을 꺼낼까?

대개의 경우, 부탁하고 싶은 내용을 자세히 전달하려고 애쓴다.

"이번 건은 회사 전체적으로도 중요한 프로젝트입니다. 그래서 그쪽 팀원 중에서 한 명을 저희 팀에 보내 주셨으면 합니다. 물론 그쪽 팀에도 부담은 있겠지만, 기간은 딱 나흘입니다. 여러분도 지적재산을 중시하는 우리 회사의 방침은 알고 있을 거라 생각합니다."

상대를 열심히 설득하려 하는 의도가 잘 전해진다. 그리고 이어서,

"그가 지금 맡고 있는 업무를 며칠 뒤로 미룰 수는 없나요?"

"회사 전체가 중시하는 일을 무시할 수 없지 않습니까?"

이런 식의 말들로 어떻게든 '예스'를 끌어내려고 한다.

그러나 이런 말들은 역효과를 낼 가능성이 높다.

상대인 다른 팀도 분명 할 말이 있을 것이기 때문이다. 이때는 우선 상대의 의견을 들어야 한다. 예를 들면, 이렇게 묻는 것이 바람직하다.

"저희 쪽에서 부탁한 사항에 대해 여러 모로 번거로운 부분도 있으실

겁니다. 그러니 솔직한 의견을 들려주시겠습니까?"

그러면 상대도 자신의 입장을 이야기하게 된다.

"저희 인력을 나흘 동안이나 그쪽 팀에 양보하면 솔직히 너무 힘들어요. 실은 제품에 생각지 못한 문제가 발생해 생산팀과 그 일에 관해 협의해야 하는데, 바로 그가 문제가 된 제품 담당자예요."

이와 같이 **사정과 상황을 이해해 주었으면 하는 상대의 애로 사항을 들어 주면 둘의 대립점이 명확해져서 무엇을 조정해야 하는지 알 수 있다.** 무조건 해 달라는 식의 부탁은 오히려 상대를 불쾌하게 만든다.

뭔가를 부탁해야 하는 상황에서는 자신이 말하고 싶은 것을 일단 뒤로 미룬다. 먼저 들을 자세가 되어 있다는 것을 보여 주고 상대의 의견을 존중하는 자세를 어필한다. 이 점을 명심하면 직장 내에서의 신뢰도 또한 높아질 것이다.

말하는 사람의
의도를 파악해 답변한다

대화에는 많은 정보가 담겨 있다. 정보 전달은 말을 하는 목적 중 하나이기 때문에 우리는 그것들을 빠짐없이 들어야 한다고 생각한다.

그러나 정보를 놓치지 않는 것에만 집중하면 **그 이면에 감춰진, 말하는 사람의 가치관을 미처 파악하지 못한다.**

한 예로, 아내가 남편에게 아이의 방과 후 활동에 대한 이야기를 하는 장면을 떠올려 보자.

"이번 일요일에 야구 시합이 있대. 그런데 시간을 확인하지 않아서 시합이 오후까지 계속될지 어떨지 모르는 모양이야. 시합용 유니폼도 아직 안 가져왔지 뭐야. 그리고 방과 후 활동에 대한 연락망도 보낸다는데, 그게 언제인지도 몰라. 갑자기 전날에 아침부터 저녁까지 시합이 있다고 알려 주기라도 하면, 점심은 어떻게 해야 하지?"

대화 안에서 반복되는 부분은 중요하다

당신이라면 이 말을 어떻게 들을까? 시합용 유니폼과 연락망, 점심 식사 등 여러 가지 정보가 언급되고 있다.

언뜻 보기에 이것들은 서로 관련이 없어 보이지만 '오후까지 계속될지 어떨지 모른다'와 '점심은 어떻게 해야 하지'는 관련이 있다. 그 점에 주목할 수 있으면 아내가 이 부분을 반복해서 말한다는 것을 알 수 있다. 따라서,

"음, 도시락을 싸야 할지 말지 걱정이군."

하고 대답하는 것이 정답이다. 그렇게 말하면,

"그러게 말이야. 도시락을 싸야 하면 내일 장을 봐야 하는데."

하고 자연스럽게 대화가 이어질 것이다.

반면에,

"유니폼은 꼭 빨아야 돼? 만약 오후까지 시합이 계속되면 도시락을 싸야 하나? 연락망은 전날에 보내 줄 때도 있지 않아?"

라며 상대의 걱정거리를 이해하지 못한 채 대꾸하면,

'말한 내가 바보지. 저 사람은 아무것도 모른다니까.'

하고 실망할 것이다.

중요한 것은, '상대가 가장 걱정하고 있는 것(가치관)'을 재빨리 판단해서 그것에 대해 언급해 주는 것이다.

이야기를 할 때는 말하는 사람이 무의식적으로 정한 우선순위가 있다. 실제 대화에서는 여러 가지 정보가 중요도나 긴급한 정도에 따라 나뉘어 어수선하게 나오기 때문에 그것을 잘 알아듣는 것이 중요하다. **특히 반복되는 부분은 말하는 사람이 중시하는 포인트임을 알아야 한다.** 여러 정보 가운데 말하는 사람이 무엇을 중시하는지 알아들을 수 있도록 의식하자.

함축된 의미를 파악하면
상대로부터 높은 평가를 받는다

대화에 나온 말이 그 사람의 기분을 모두 다 표현하는 것은 아니다. 특히 일본인은 전달하고 싶은 내용을 간접적으로 암시하는 표현법을 좋아하기 때문에 거기서 진의를 읽어 내야 한다.

밤늦게 집에 돌아온 남편에게 아내가 이렇게 말했다고 하자.

"지금이 몇 시야?"

이것은 현재 시각을 묻는 것이 아니다. 귀가가 늦었음을 에둘러 표현하며 화를 내는 것이다.

또 게임에 빠져 있는 아이에게 엄마가,

"게임은 하루에 한 시간만 할 수 있다고 말하지 않았어?"

라고 말하는 것 역시 약속을 확인하는 말이 아니다. 얼른 게임을 끝내라는 충고다.

이처럼 말은 사전적 의미를 뛰어넘어 완전히 다른 뜻으로 변화할 때가 있다. 이것을 '함축(connotation)'이라고 한다. 함축된 의미는 대화의 문맥으로 정해지므로, 그것을 읽어 내는 힘이 필요하다.

앞의 예처럼 비교적 알기 쉬운 경우라면 좋겠지만, 의미를 특정하기 어려운 경우에는 주의가 필요하다.

만약 함축된 의미를 파악하지 못하고 곧이곧대로 대꾸하면 말하는 사람이 그런 의미가 아니라고 화를 낼 수 있다.

함축을 사용한 사례를 하나 더 살펴보자.

얼마 전, 텔레비전 뉴스를 시청하는데 어떤 정치가가 나와 말했다.

"이 문제가 경제에 주는 매그니튜드는 매우 큽니다."

매그니튜드(magnitude)는 본래 지진의 규모를 나타내는 단위로, 일반적으로 '진도'로 해석되기도 한다. 그러나 그 정치인은 그 단어를 부정적인 영향력을 나타내는 '충격'이라는 의미로 사용했다.

뉴스에 함께 출연한 사람들은 그 정치가가 한 말의 앞뒤 문맥을 살핀 뒤 말에 함축된 의미를 해석한다.

"그렇죠, 심각한 문제라고 할 수 있죠."

이렇게 말하며 아무렇지도 않은 듯 매끄럽게 이야기를 진행했다.

이처럼 **함축은 통상적인 의미와 달라도 이야기의 흐름에 맞게 해석했을 때 위화감을 주지 않는 것이 특징이다.** 이는 때로는 듣는 사람의 귀에

보다 정확한 표현으로 남을 수 있다.

단, 이것을 어설프게 남용하면 문제가 된다. 함축된 의미를 생각할 때 해석하기 어려운 경우도 늘고 있다.

남성의 경우, 데이트 중에 애인이 '피곤하다'고 하면 어떻게 생각할까? 대개는 집에 가고 싶다는 의미가 아니라 둘만 있고 싶다는 의미로 해석할 것이다.

반면, 한창 저녁을 먹고 있는데 "이제 슬슬 가자."고 말했다면 어떨까? 이것은 음식점에서 나가 다음 장소로 가자는 의미일까, 정말 집에 가고 싶다는 의미일까? 만일 전자라면,

"그래, 그럼 늘 하던 대로 노래방? 아니면 바에 가서 술 한잔 할까?"라고 제안해도 좋을 것이다. 또 후자라면,

"그래, 내일은 둘 다 출근해야 하니까 휴일에 느긋하게 데이트하자."하고 말하면 된다.

말에 함축된 의미를 읽어 내는 힘은 매우 중요하다. 말의 진의를 읽어 내지 못하고 곧이곧대로 들으면 최악의 경우 '말뜻을 이해하지 못하는 사람'이 되고 만다.

대화 속에 함축이 존재하는지를 의식해 상대의 메시지에 다른 의미가 숨어 있지는 않은지 생각해야 한다.

아이의 주장을 알아듣는 엄마

말에 함축된 의미를 알아듣는 힘은 비즈니스뿐 아니라 일상생활에서도 필요하다.

얼마 전 패밀리 레스토랑에서 점심을 먹은 적이 있었다. 옆자리에 앉은 엄마와 아이의 대화 소리가 들려와서 가만히 들어 보니, 축구부에서 운동을 하는 아이가 엄마에게 푸념을 하는 것 같았다.

"신고 녀석, 축구부에 들어오게 해 준 건 난데 자기가 1학년 주장이 될 거라잖아. 축구도 못하는 주제에!"

아이는 친구가 주장을 하겠다고 말한 것이 마음에 들지 않는 모양이었다. 그러자 엄마가 물었다.

"왜? 네가 주장을 하고 싶어서 그러는 거야?"

"주장 따위 하고 싶지 않아. 그냥 내가 신고보다 축구를 잘한다는 거지. 아무튼 그 녀석 요즘 아주 건방져졌어. 죽어 버렸으면 좋겠어!"

아이는 큰 소리로 말했다. 이럴 때 어른이라면 보통,

"그런 말 하는 거 아니야! 친구잖아."

하고 타이를 것이다. 그런데 그 엄마의 반응은 달랐다.

"우리 유지가 억울했구나. 선생님이 신고를 주장으로 추천했니?"

"억울한 건 아니야. 시합 때 신고가 선생님 앞에서 골을 넣었을 뿐인데 그것만 가지고 주장이 된다면 다른 애들의 의욕이 떨어질 거야."

옆에서 대화를 듣고 있던 나는 그 엄마가 아이의 주장을 잘 알아듣고 있다고 생각했다.

친구보다 빨리 축구를 시작한 아들의 억울한 기분을 알아차리고 그 마음을 이해한다는 표현을 해 주었기 때문이다. 아이가 하는 말에 함축된 의미를 정확히 알아들은 것이다.

그리고 계속해서 다정하게 말했다.

"엄마는 잘 모르지만 축구팀에서는 주장보다 더 멋지게 활약하는 선수가 많지 않아? 국가 대표 선수들 중에서도 주장 출신이 아닌 선수가 외국 유명 팀에서 활약하고는 하잖아."

"맞아. 엄마, 잘 아네!"

아이의 불쾌한 기분도 차츰 가라앉는 것 같았다. 현명한 엄마다.

'불(不)'자 질문으로
속마음을 듣는다

우리에게는 마음속의 불안과 불만을 누군가에게 말하고 싶은 욕구가 있다. 그래서 기분이 안 좋은 일이 있을 때 친구나 지인에게 털어놓으면 속이 후련해진다. 매력적인 리스너라면 **그런 부정적인 감정을 알아채서 상대의 답답한 기분을 해소시켜 줄 수 있다.**

부정적인 감정을 이끌어 내는 방법 중에 '불(不)'자 질문이란 것이 있다. 이것은 인간의 심리를 이용하는 방법으로, 여기서 '불(不)'이란 불안, 불만, 불편, 불쾌, 불운, 부자유에서 쓰이는 '불(부)'을 가리킨다. 이 방법은 대화의 흐름과 상황에서 상대의 마음속에 있는 '불(不)'의 포인트를 발견하는 것이다. **거기에 초점을 맞추면 상대의 속마음을 읽을 수 있고, 또한 자신에게 중요한 정보도 발견할 수 있다.**

'불(不)'자 질문으로 속마음 듣기

어느 회사에 영업팀에서 디자인팀으로 이동한 젊은 직원 A가 있었다. 그는 성격도 밝고 인상도 좋은 직원이었다.

팀장은 그가 처음부터 디자인팀으로 오고 싶어 했다는 것을 알고 있다. 그래서인지 그가 부서를 이동한 후에도 잘 적응하는 것을 보고 좋은 사람이 와 줘서 다행이라고 생각했다.

그런데 최근 2, 3일 전부터 그의 표정이 평소보다 어둡고 기운도 없어 보였다. 무슨 일인지 궁금해진 팀장은 점심시간 전에 그를 불러 이야기를 들어 보았다.

"A씨, 요즘 들어 기운이 없어 보이는데 무슨 일 있어요?"

"네? 제가 그랬나요? 별일 없습니다."

"그래요? 표정이 어두워서 무슨 일이 있나 생각했어요."

"별일 아닙니다. 괜찮습니다."

"그래요……."

팀장은 평소와 달리 A씨의 표정이 어두운 것은 눈치챘지만, 그의 속마음까지 확인하지는 못했다. 어떻게 해야 할까?

이럴 때 도움이 되는 것이 '불(不)'자 질문이다.

이 방법으로 A씨에게 어떠한 질문들을 할 수 있는지 살펴보자.

"부서를 이동한 지 벌써 3개월 됐네요. **업무가 어렵거나 불편한 점은 없어요?**"

"아, 네. 어려운 것은 없습니다. 단지……."

"뭐죠?"

"다들 바빠서 디자인에 대해 물어볼 시간이 없어요. 가능하다면 외국 유학이나 연수 다녀온 사람의 이야기를 들을 수 있는 공부 모임을 만들었으면 좋겠어요."

"맞아요, 다들 미팅도 많고 바쁘죠. 또 배우고 싶어도 선배라서 묻기 어려웠을 거예요."

"네, 지금이 특히 바쁜 시기라고 들었는데 저는 아직 할 수 있는 일이 많지 않아서 부서에 도움이 되지 못해 미안한 마음이 들어요."

'불(不)'자 질문을 사용하면 이렇게 상대의 불만이나 불안한 점을 들을 수 있는 가능성이 높아진다. 이 경우도 A씨는 바쁜 부서의 분위기를 의식해서 일을 배울 시간을 가졌으면 좋겠다는 속마음을 말하기 어려웠다는 것을 알 수 있다.

듣는 사람 입장에서는 만족스러운 것보다 불만인 점을 물어봐 주면 훨씬 말하기 쉽다. '고객 불만족 조사' 역시 사람이 '불(不)'을 토해 내고 싶은 경향을 갖고 있다는 점을 활용한 조사다.

질문에는 여러 테크닉이 있는데 그중에서도 '불(不)'자 질문은 일상생활에서 다양하게 활용할 수 있다. 한 번쯤 시도해 보자.

때로는 듣지 않는 척하기도 필요하다

훌륭한 리스닝을 위해서는 어린아이에게도 배워야 할 것이 있다.
그중 하나가 듣지 않는 척하기다.

아이는 어른들의 대화에 흥미를 보이지 않고 그저 따분해하는 것처럼 행동한다. 언뜻 보기에 아이가 어른들의 이야기를 듣지 않는 것 같지만 나중에,

"엄마, 아까 그 아줌마 아프다고 그랬잖아. 그런데 아주 건강해 보였어."

하고 말해 엄마를 놀라게 하기도 한다.

반면, 어른은 듣는 척하면서 듣지 않는 경우가 있다.

듣지 않는 척함으로써 주위를 배려한다

일부러 듣지 않는 척하는 것은 어른으로서의 배려이자 일류 리스너의 조건이다.

전에 이런 일이 있었다.

지인 몇 명과 대화를 나누는데 누군가 그중 한 사람이 오래전에 겪었던 실패담을 끄집어냈다. 그러고는 그에 대해 우스꽝스럽게 말하면서,

"그때 진짜 웃겼는데! 그 당시 어땠어? 솔직히 말해 봐."

하며 이야기를 멈추지 않고 굳이 당사자에게 확인까지 하려 했다. 질문을 받은 사람은,

"어? 그때는 나도 어쩔 수 없었어. 게다가 과장님이 주시하고 있다는 것도 몰랐고."

하고 당황한 듯 말했다. 모두 이야기에 귀를 기울이고 있던 탓에 그 사람은 더욱 말하기 껄끄러운 듯했다. 만약 그때,

"**그런 일도 있었구나……. 우리, 사케 주문할까?**"

하고 일부러 화제에 흥미 없는 태도를 취하는 사람이 있다면 어떨까? 말하기 껄끄러워했던 사람은 '휴, 살았다.' 하고 안심할 것이다.

주위 사람들로부터 분위기 깨지 말라고 핀잔을 들을 수도 있지만 **상대방이 말하고 싶어 하지 않는다는 것을 눈치채고 '듣지 않는 척'해 주는 것이다.** 이런 태도를 취할 수 있는 사람이 매력적인 리스너가 아닐까?

나도 그런 사람 덕분에 위기를 모면한 적이 있다.

한 선배와 교류 모임에 참석했을 때의 일이다. 선배와 나는 처음 보는 사람들이 있는 테이블에 앉았는데, 선배는 술기운 탓인지 내가 신입 때 겪었던 실패담에 대해 주저 없이 말하기 시작했다. 순간, 나는 창피하고 듣기 거북해서 고개를 숙였다.

"이 친구가 법무국에서 실수로 다른 서류를 떼어 온 적이 있어요. 그래서 다시 가서 제대로 떼어 오라고 했는데 법무국에 5시 넘어서 도착한 거죠. 접수가 안 돼 사무실에 다시 들어오기 민망했는지 회사 건물 앞에서 내가 나올 때까지 1시간이나 기다리고 있더라니까요."

사실이라 어쩔 수 없어 나는 쓴웃음을 지으며 말했다.

"그런 일이 있었죠. 선배님께 신세 많이 졌어요."

그리고 얼른 다음 화제로 넘어가고 싶었는데 선배는 다시,

"무슨 신세를 져! 그때 회사 밖에서 날 기다리고 있는 너를 보고 불쌍해서 한잔 하러 갔잖아."

하고 이야기를 계속하려 했다. 그때, 바로 앞자리에 앉은 여성이 재미없다는 듯 차가운 표정을 지었다. 선배도 그 모습을 보았는지,

"그래, 지난날의 실패담보다는 다른 이야기를 하는 게 낫겠지?"

하고 슬그머니 화제를 바꾸었다. 나는 그때 그녀가 정말 따분했는지, 아니면 내가 불쌍해서 그 이야기를 '듣고 싶지 않은 척'해 준 것인지 알지 못했다. 지금 돌이켜 생각해 보면 확실히 후자였던 것 같다.

"그 말은…"으로 말하는 사람의 속마음을 끌어낸다

나는 기업으로부터 의뢰를 받아 직원들에게 커뮤니케이션 관련 교육을 진행하는 일을 한다. 의뢰를 맡긴 기업의 인사팀 교육 담당자와 교육 내용에 대해 의견을 나눌 때, 상대가 교육의 목적을 추상적으로 말하면 어떻게 대응해야 할지 판단이 잘 서지 않는다. 예를 들면, 다음과 같은 식이다.

"올해 신입 사원 연수에서 우리 쪽 강사가 특별히 신경 써야 할 부분이 있나요?"

"글쎄요, 일단 신입들에게 의욕을 보여 줬으면 좋겠어요."

"아, 의욕이요……."

나는 의욕을 보여 줬으면 좋겠다는 말의 의미를 이해할 수 없었다.

그러나 이 경우처럼 듣는 사람이 '의욕이요……' 하고 반응하는 것만으로는 상대가 진짜 하고 싶어 하는 말을 끌어낼 수 없다. 그래서 이런 상황에 처했을 때 **나는 '그 말은……'이라는 마법의 문구를 사용한다.**

"그 말은…… 우선 제대로 인사하기 같은 건가요?"

"그 말은…… 가르쳐서 알려 주기보다 스스로 생각하게 한다, 그러니까 적극적으로 행동하도록 유도하라는 건가요?"

이렇게 구체적으로 묻는다. 그럼 상대는,

"그렇죠. 일단 인사는 활기차게 해 줬으면 좋겠어요."

"답을 바로 알려 주면 수동적이 되니까 이번에는 답을 주지 마세요. 스스로 묻고 생각할 시간을 줘서 행동할 수 있게 해 주세요."

라고 대답한다. 그렇게 하면 '의욕'이라는 추상적이고 애매모호한 이미지를 좀 더 구체화할 수 있다.

이렇게 '그 말은……'이란 문구로 상대의 의견을 알기 쉽게 풀어서 표현하면 말이 통하는 사람이라는 평가를 얻을 수 있다. 참고로, **이 문구는 말하는 사람의 예상을 뛰어넘어 유머로 사용할 수도 있다.**

"하! 오늘도 야근, 시간이 이렇게나 됐네."

"그 말은…… 날쌔게 가 버리려고 했다는 건가요?"

"하하하! 어떻게 알았지?"

하는 식으로 즐거운 대화를 만들어 내기도 한다. 간단히 실천할 수 있으니 일상생활에서 활용해 보자.

| 제 5 장 |

비즈니스에 도움이 되는 듣기 기술

상사가 부하의 말을 들을 때
주의해야 할 세 가지

상사가 부하의 말에 귀 기울이는 것은 당연하다고 생각하는 사람이 많다. 이처럼 커뮤니케이션은 상사가 부하를 관리할 때 반드시 필요하다. 부하의 능력을 키우고 평가하기 위해 적극적으로 부하의 말에 귀를 기울이는 것은 상사의 업무 중 하나다.

그러나 직장인을 대상으로 한 설문 조사에서 90% 이상의 응답자가 '상사와의 소통에 불만이 있다'고 답했다. 불만의 대부분은 '자신의 이야기를 들어 주지 않는다'는 것이었다.

만약 당신이 상사라면 부하의 일처리가 느려서 신경 쓰일 때 어떻게 말할까?

직장에서는 누구나 불안과 공포를 느끼지 않고 발언할 수 있어야 한다.

이것은 세계적 기업인 구글이 '팀의 성과를 높이기 위해서는 심리적 안전성이 중요하다'고 발표하면서 새롭게 주목받았다.

"왜 못 하는 거야?"

"대체 뭐가 문제야? 모르는 거 있어?"

상사가 화난 얼굴로 이렇게 물으면 부하는 쉽게 마음을 열지 못한다. 이처럼 직장에서 심리적 안전성이 방해받으면 무능하거나 거추장스러운 존재로 인식되고 싶지 않다는 불안감이 커지면서 자연스럽게 팀의 생산성이 떨어진다. 부하 입장에서도 발언하기 어려운 분위기의 직장에는 다니고 싶지 않을 것이다.

그럼 상사가 부하의 말을 들을 때에는 어떤 점에 주의해야 할까? 여기서는 세 가지 포인트로 압축해서 알아보도록 하자.

① 자신의 생각을 강요하지 않는다

앞의 예에서 상사가 하기 쉬운 실수는 바로 다음과 같은 말이다.

"이거야? 이거 때문에 일처리가 늦어지는 거야?"

언뜻 보기에는 질문 같지만 부하에게는 강요로 들린다. 상사가 원인까지 마음대로 생각해서 말해 버리면 부하는 솔직해질 수 없다.

"하기 어려운 일이 있으면 말해 봐요."

"지금 상황을 알려 줄래요?"

이와 같이 먼저 상대가 **저항 없이 말할 수 있는 질문을 한 뒤 차분히 대답을 기다리자.** 자신이 한 질문에 상대가 어떻게 생각할지 의문을 갖는 것이 중요하다. 이것은 앞서 4장에서도 언급한 바 있다.

② 불안과 불만을 구별해서 듣는다

부하의 상담 내용에는 불안과 불만이 섞여 있는 경우도 종종 있다.

"우리가 제출한 시험 데이터에 대해 클라이언트 쪽 개발팀이 이번 주 내로 연락을 주기로 했는데 아직 연락을 받지 못했습니다. 영업 담당자가 클라이언트를 너무 떠받드는 건지. 아무튼 그쪽에서는 늦게 연락해도 괜찮을 거라고 가볍게 생각한 것 같습니다. 팀장님도 한 번 주의를 주십시오."

불만이랄까, 약간의 푸념처럼 들린다.

"그래? 오늘이 기일인데 아직 아무 연락이 없다니, 난처하네. 나도 메일을 보내 볼게."

대부분의 상사들은 이렇게 대꾸하고 컴퓨터의 키보드를 치기 시작하지 않을까?

그러나 **이 상담 내용을 분석해 보면 두 가지의 불안 요소와 두 가지의 불만 요소로 구성되어 있다.** 우선 기일을 지키지 않는 클라이언트와 자사의 영업 담당자에 대한 불만이다. 그리고 기일 내에 답변을 받지 못하면 다음 단계로 일을 진행할 수 없다는 것, 직접 클라이언트 쪽에 답변을 재촉하기 어렵다는 불안감이 있다.

이렇게 여러 가지 요소가 얽혀 있을 때는 우선 개별적으로 접근한다. 이 경우에는 먼저 불안 요소를 확인하면 된다.

"저쪽 개발팀에서 답변이 오면 다음 단계의 기일은 언제지? 담당자인 자네가 직접 재촉하고 싶지 않은 이유라도 있나?"

그리고 불만 요소에 대해서는 몇 가지 대책과 함께 대응한다.

"기일을 안 지키는 것이 버릇이 되면 곤란하지. 그 점에 대해서는 다음번 미팅 때 클라이언트 쪽 매니저에게 꼭 전달해야겠어. 우리 영업 담당자에게도 한번 물어보는 것이 낫겠지?"

이처럼 **여러 가지 요소를 개별적으로 나눠서 이해하면 부하는 자신의 말이 전달되었다고 느낄 것이다.**

첫 번째 대화에서는 언뜻 상사가 부하와 상의해서 조치를 취하려는 것처럼 보이지만, 실제로 부하 입장에서는 상사가 '적극적으로 움직여주지 않는다'고 느낄 수 있다.

③ 매번 백지 상태의 기분으로 부하의 의견을 듣는다

부하의 보고에 다음과 같이 말한 적이 있다면 주의해야 한다.

"전에도 이런 적이 있었잖아."

"자네는 늘 그런 식으로 말하더군."

이런 말은 상사가 생각하는 이상으로 부하의 심리를 위축시킨다. 또 부하는 자신의 말을 제대로 들어 주지 않는 상사에게 실망할 수 있다.

전에 내가 부하로부터 업무 보고를 받았을 때의 일이다.

"이번 안건에서 클라이언트가 정말 알고 싶은 것은 직원들의 속마음입니다. 그러나 저쪽이 생각하는 설문 조사로는 속마음을 제대로 알아내지 못할 것 같아서 우리가 소통의 창구가 되어 웹을 통해 설문 조사를 할 계획입니다. 그래서……."

"잠깐."

나는 부하의 말을 가로막았다. 왜냐하면 그는 이전에 고객의 요구 사항을 착각했던 적이 있었기 때문이다. 이후 나와 함께 고객과의 미팅에 참석했을 때 그 부하가,

"나는 그런 말 한 적이 없는데, 무슨 소리예요?"

하고 오히려 고객에게 되묻는 것을 들은 적이 있었다. 문득 그 일이 떠올라서,

'그의 말이 사실일까? 이번에도 혼자 착각해서 앞서 나가는 게 아닐까? 고객이 바라지도 않는 것을 제안하려는 게 아닐까?'

하는 의심이 들었다. 하지만 이런 나의 걱정을 곧이곧대로 말할 수는 없었으므로 나는,

"고객 쪽 시스템이 아닌 웹 설문 조사를 이용하면 보안상의 문제는

없나요? 그 부분은 확인이 끝났어요?"

하고 다른 것을 물었다.

"네, 모두에게 아이패드를 지급했기 때문에 그걸 사용하면 됩니다."

결국 그 안건은 그의 제안대로 진행되었다. 내가 그의 말을 가로막았을 때 머릿속에 떠오른 생각은 괜한 걱정이었던 것이다.

만일 내가 부하의 의견을 들을 때,

"이전에 고객의 요구 사항을 착각한 적 있었지? 이번에는 정말 확실한 거야?"

하고 말했다면 부하는 자신의 제안에 자신감을 갖지 못했을 것이다. 그럼 그 불안감이 고객에게까지 전해져 아마도 승인을 받지 못했을 수도 있다.

물론 부하의 업무 태도를 관찰하고 과거에 있었던 일을 고려해 모든 사태를 예상하는 것은 상사로서 필요한 자세다. 그러나 **편견 없이 백지 상태에서 부하의 의견을 들어 보는 것도 중요하다.** 그렇게 하면 부하도 자신의 상사는 과거에 자기가 실수했던 기억을 끄집어내지 않고 걱정, 불안, 의심을 거두는 도량 있는 사람이라고 믿고 따르게 될 것이다.

영업 현장에서는
현재, 과거, 미래의 질문을 준비한다

얼마 전, 영업팀 직원들의 연수를 의뢰하고 싶다는 한 회사를 방문한 적이 있었다. 의뢰 내용은 다음과 같았다.

"입사 3년차 직원들을 연수 대상자로 생각하고 있어요. 이 직원들은 선배들과 큰 안건의 영업을 진행했는데, 선배들한테 '말을 이해하는 능력이 부족하다. 그래서는 고객의 요구를 파악할 수 없다'고 설교를 들은 모양이에요."

즉, 이들이 고객의 잠재적 요구를 알아챌 수 있는 영업자가 될 수 있도록 도움을 달라는 것이 클라이언트의 요구 사항이었다.

영업자는 고객의 과제를 듣고, 제안을 하고, 일로 연결해야 하는 직종이다. 그렇게 하려면 고객의 문제를 얼마나 잘 알아들을 수 있느냐가 중요하다. 그런 후에 고객이 미처 깨닫지 못한 문제에 접근해야 경쟁사와 차별화할 수 있다. 그러나 고객의 요구에 깊이 파고드는 질문을 하는 것은 매우 어려운 기술이다.

그래서 내가 클라이언트에게 제안한 것이 시간축을 의식하는 방법이었다. 이 방법은 고객이 언급한 최초의 요구를 현재로 인식하고, 그 전후, 즉 과거와 미래에 주목하는 것이 특징이다.

먼저, '이렇게 하고 싶다'라는 바람을 현재로 인식한다. 그렇게 하면 그 바람이 생겨난 이유, 즉 '왜 그렇게 하고 싶은가'는 과거가 되고, 그것을 함으로써 '무엇을 얻고 싶은가'가 미래가 된다.

시간축을 의식한 질문 방법

일반 고객에게 주택을 판매할 때 시간축을 의식한 질문을 사용한 실례를 살펴보자.

다음은 담당 영업 직원이 고객에게 물건에 대해 설명하고 있는 장면이다.

"이쪽은 신축 분양인데, 전시 물건에서 보실 수 있는 것처럼 벽의 색깔과 선반 높이 등을 취향에 맞게 정할 수 있는 프리 플랜입니다. 혹시 따로 생각해 보신 것이 있나요?"

"도면으로는 주방 옆에 벽이 있는데, 여기에 주방으로 통하는 출입

○**시간축을 의식한 질문 방법**○

현재	= 이렇게 하고 싶다
과거	= 왜 그렇게 하고 싶은가
미래	= 무엇을 얻고 싶은가

<u>이 세 가지를 인식하면 잠재적 요구에 접근하기 쉽다.</u>

구를 만들 수 없을까요? 그리고 욕실 선반의 높이가 170cm로 되어 있는데 140cm로 했으면 좋겠어요. 또 밖의 전원 위치는 여기보다는……."

이와 같은 상황에서 보통은 고객이 직원에게 많은 요구를 한다. 그러나 이때 영업 직원이 고객의 요구 사항을 하나하나 듣고 메모한다고 해서 고객의 잠재적 요구를 다 이해한 것은 아니다.

그래서 현재, 과거, 미래라는 시간축을 사용한 질문으로 파헤쳐 간다.

"주방으로 통하는 출입구를 여기에 만들고 싶은 이유가 있으신가요?"

"욕실 선반의 높이를 낮추려는 이유는 무엇인가요?"

그 다음, 고객이 말한 **이유가 과거의 생활환경과 관계가 있는지 확인해 본다.** 그러면,

"지금까지 살았던 집은 쓰레기봉투를 내놓을 때 거실을 통과해야 했는데 그게 불편하고 싫었거든요."

"욕실 선반이 높으면 청소할 때 힘들어서요."

하는 식으로 고객이 요구한 배경을 알 수 있다. 그러면 이와 같은 이유를 토대로 직원은,

"팬트리(식품 저장실)의 선반은 맨 위칸 높이가 175cm예요. 이 높이는 괜찮으신가요?"

"이 장소에 주방으로 통하는 출입구를 내면 건물의 높이 관계로 지면까지 50cm의 차이가 생겨요. 여기에 두 단 정도의 계단을 만드는 것이 좋을 수도 있어요."

하고 **상세한 제안을 할 수 있다.** 또한 고객의 새로운 과제를 발견해서 잠재적 요구에 다가갈 수 있다.

"주방으로 통하는 출입구가 있으면 거실을 지나지 않고 쓰레기를 내놓을 수 있죠. 단, 임시 보관 장소가 필요하지 않을까요?"

"확실히 그렇기는 한데, 어쩌나······."

"시중에서 판매하는 실외 소형 창고도 괜찮을 것 같아요. 시(市) 캘린더로 쓰레기 배출일을 확인해 보죠. 그리고 비 오는 날을 생각했을 때 주방으로 통하는 출입구에 차양이 없으면 비를 맞을 수 있어요."

'현재'를 듣는 것만으로는 효과적인 제안을 할 수 없다. 그러나 **'과거'를 확인하면 고객의 잠재적인 요구에 접근할 수 있고, 나아가 '미래'를 어필할 수 있다.**

머릿속에 고객의 현재, 과거, 미래를 떠올려서 접근한다. 이 방법을 기억하고 실행하면 좋은 영업 성과로 이어질 수 있다.

클레임 대응 상황에서는 경청만으로 부족하다

 민원이 가장 많이 들어오는 곳은 관공서의 민원실이라고 한다. 이 통계를 보면 행정직 종사자들이 민원 대응에 관한 연수를 많이 받는 것도 이해가 간다.
 물론 불만을 제기하는 상대의 강한 어조와 압력에 위축되는 직원들이 많을 것이다. 그러나 지금 같은 시대에는 악성 민원에도 의연한 태도로 대응해야 한다. 실제로 여러 기업에서 고객의 클레임을 경영 리스크로 인식하고 고객의 갑질에 철저히 대응하려는 움직임도 있다.
 일반적으로 민원 대응 연수에서는 가장 먼저 고객의 민원 사항을 경청하라고 가르친다. 상대의 말에 귀를 기울이는 자세를 보이면 상대가 조금씩 냉정을 찾아 가며 침착하게 말하는 효과를 얻을 수 있기 때문이다.

하지만 그렇다고 해서 민원 자체가 없어지는 것은 아니므로 반드시 경청 후의 대응도 생각해야 한다.

이때 **중요한 것은 상대의 변명에 직접 반론하지 않는 것이다. 그리고 상대의 분명한 문제점을 지적해 묻는다.**

예를 들어 세금 체납자에게 여러 번 독촉장을 보냈는데 응답이 없는 경우를 생각해 보자.

어느 날, 자신의 은행 예금 계좌가 차압당한 사실을 알게 된 체납자가 세무서로 찾아왔다.

"이봐! 갑자기 은행 계좌를 차압하는 게 말이 돼? 도둑도 아니고 뭐 하는 짓이야! 돈을 못 찾게 하면 어쩌라는 거야. 왜 이렇게 당신들 멋대로야!"

이럴 때 당신이 세무서 직원이라면 어떻게 대답할까?

"저희 멋대로 한 게 아닙니다. 이미 차압 예고장을 보냈어요."

"필요한 절차는 모두 밟았습니다. 큰소리치시면 곤란합니다."

이런 대응 방식은 상대의 변명에 대한 반론이라서 오히려 상대를 더욱 자극하게 된다. 그럼 경청을 의식하고 대답하면 어떻게 될까?

"차압 때문에 오셨군요. 갑작스러운 일이라 많이 놀라셨죠?"

언뜻 상대의 기분을 이해하는 대응처럼 들린다. 그러나 이 상황에서 상대의 말에 지나치게 귀를 기울이면 상대는 더욱 강한 태도로 나올 수 있다. 그때 효과적인 것이 상대의 문제점을 찌르는 질문이다.

"저희가 세 번이나 독촉장을 보냈는데, 왜 아무 연락도 하시지 않았어요?"

이와 같이 상대가 독촉에 응답하지 않았던 이유를 조목조목 파고드는 것이다.

단, '멋대로 차압했다' '도둑이다' 하고 말한 상대의 변명에는 반응하지 않는다. 오직 상대의 잘못만 묻는다. 그럼 상대는 '몰랐다' 혹은 '못 봤다'고 둘러대며 상당히 난처해할 것이다.

그런 다음, 있었던 사실을 정확히 말하면 된다.

"저희 기록에 보면, 이미 ○월과 ○월에 독촉장을 보냈고, ○월에는 차압 예고장을 보냈습니다."

이렇게 있는 그대로의 사실을 나열하면 그 후의 전개, 이 경우에는 나머지 체납액에 대한 체납자의 발언을 자연스럽게 유도할 수 있다.

2단계로 나눠서 들으면 문제를 회피할 수 있다

클레임 대응에서 또 하나 중요한 것은 **상대가 하는 변명 중에 무엇이 옳고 무엇이 틀렸는지를 정리하는 것이다.**

다음은 나의 지인이 휴대전화 매장에 전화했을 때 직원과 나눈 대화다. 지인은 자신이 사용한 적 없는 서비스 요금이 스마트폰 요금과 함께 청구되자, 이에 대해 문의했다.

"요금 명세서에 SP 모드(일본 이동통신 사업자 NTT 도코모가 제공하는 스마트폰의 인터넷 접속 서비스—옮긴이) 결제라는 것이 있고, 괄호 안에 아이튠즈(iTunes)라고 쓰여 있어요. 그런데 나는 아이튠즈를 쓰지 않아요. 게다가 12만 원이나 청구되다니, 뭔가 이상한 것 같아요."

전화를 받은 매장 직원은 곧바로 지인의 청구서 내역을 확인한 후 답변했다.

"말씀하신 대로 12만 원이 SP 모드 결제 비용으로 청구되었네요. 하지만 고객님은 사용하신 기억이 없다는 말씀이시죠?"

"네! 안 썼어요. 아이튠즈는 스마트폰을 구매한 후로 한 번도 쓴 적이 없어요."

"그런데 SP 모드 결제는 저희 ○○ 통신 요금과 함께 청구되는 것뿐이라서 고객님이 사용하셨는지 아닌지는 저희가 알 수 없습니다. 번거로우시겠지만 애플사에 문의해 보시는 게 어떨까요?"

"지금 농담해요? 나는 내가 사용한 금액만 낼 거고, 그 이외의 요금은 절대 낼 수 없어요!"

"그건 안 됩니다! 앞으로 SP 모드가 결제되지 않도록 해 드릴 수는 있지만, 이번에 청구된 건에 대해서는 요금을 결제하셔야 합니다. 그렇지 않으면 휴대전화를 사용하실 수 없어요."

"무슨 소리야! 책임자 바꿔요!"

그렇게 지인은 전화로 매장 직원과 옥신각신했다. 직원은 통신사가 SP 모드 결제 금액을 대리 청구하고 있는 것에 불과하다고 설명했지만 상대는 납득하지 못한다. 고객은 ○○ 통신의 청구 금액인 이상 ○○ 통신이 해결해 주기를 바라는 것이다.

이 경우의 요점은, **○○ 통신은 이용자를 대신해 애플의 서비스를 확인해 줄 수 없다는 것이다.**

따라서 통신사 직원은 먼저 고객에게 그 점을 이해시키기 위해 고객이 직접 애플에 문의할 필요가 있다는 것을 알려야 한다.

이럴 때는 다음과 같이 단계적으로 질문하면 된다.

"아이튠즈가 애플의 서비스라는 것은 알고 계시죠?"

"네, 하지만 나는 사용하지 않아요."

"네, 사용하시지 않는다는 것은 알겠습니다. 애플이 제공하는 서비스라는 것은 아셨죠?"

"그건 알아요."

"○○ 통신이 아닌 애플이 청구한 금액이니까 말씀하신 대로 사용하신 적이 없다면 부정 이용을 당하신 것 같다는 생각이 드는군요. 앞으로도 이런 일이 계속되면 안 되니까, 지금 바로 SP 모드 결제를 정지하는 것은 가능합니다."

"지금 정지할 수 있어요? 그런데 부정 이용이란 건 뭐죠?"

"아이튠즈를 이용하려면 애플 ID와 비밀 번호가 필요합니다. 그것이 누군가에 의해 악용될 경우, 고객님께 사용하시지 않은 서비스 요금이 청구될 수 있습니다. 그러니 즉시 애플에 연락을 취하셔서 고객님의 ID가 부정 이용되었을 가능성을 확인해 보셔야 합니다."

이렇게 대응했다면 고객의 태도도 달라졌을 것이다.

클레임 대응 시에는 상대의 잘못을 질문한다, 단계적으로 묻는다, 이 두 가지를 기억해 두자.

의견이 다른 사람에게는 마법의 문구로 대응한다

    자신과 다른 사고방식을 받아들이지 못하거나 자신이 싫어하는 것을 좋아한다고 말하는 상대에게 반감을 갖는 사람들이 종종 있다. 그렇다고 노골적으로 듣기 싫은 태도를 취하면 커뮤니케이션이 이루어질 수 없다. 오히려 이런 상황에 잘 대처하는 사람이 리스너로서의 역량을 키울 수 있다.

    그렇다면 이런 경우에는 어떻게 들어야 할까? 후루타치 이치로(古舘伊知郎, 프리랜스 아나운서)의 저서 <말하지 않으면 진 거야(喋らなければ負けだよ)>에서 그 힌트를 얻을 수 있다.

    어느 날, 후루타치는 집에서 텔레비전으로 음식 리포트 프로그램을 보았다고 한다. 항구 도시에 가서 그 지역 음식을 소개하는 지극히 일반적인 내용이었다.

문제의 장면은, 리포터가 식탁 위에 놓인 그 지역 음식을 한 입 먹은 순간, 리포터의 표정이 일그러졌을 때다. 그는 화면에 시선을 고정했다.

차마 '맛없다'고 말할 수 없었던 리포터가 모든 사람이 알아챌 정도로 입에 맞지 않는 듯한 표정을 지은 다음, 과연 무슨 말을 할지 무척 흥미진진하고 기대되었다.

잠시 후, 그 리포터가 말했다.

"와, 좋아하는 사람에게는 아주 그만이겠네요!"

후루타치는 리포터의 대응력에 놀랐다. '맛있다'고 하면 거짓말인 걸 들킬 테고, 그렇다고 솔직하게 '맛없다'고 말할 수도 없는 상황이었다. 그는 궁지에 몰린 상황에서 '좋아하는 사람에게는 그만이겠다'라고 말할 수 있는 그 리포터의 대응력을 칭찬했다.

'좋아하는 사람에게는 아주 그만이다'의 효과

이런 식의 반응은 **적당히 얼버무린 표현이기는 하지만 누구에게도 상처를 주지 않는다.** 일상생활에서의 경우로 바꾸어 생각해 보면, 이런 식의 대답을 사용할 수 있는 상황은 생각보다 많다.

예를 들면, 어떤 사람이 너무 무서워서 절대 보고 싶지 않은 호러 영화가 있다고 하자. 그런데 그 영화가 너무 재미있었다고 말하는 사람에게 "나는 싫어, 기분 나쁜 영화야."라고 하면 상대는 더 이상 말을 할 수 없게 된다. 그럴 때는 "호러를 좋아하는 사람에게는 그만인 영화야!"라고 대응하면 상대도 편하게 말할 수 있을 것이다.

우리는 남과 의견이 다를 때 자신의 의견을 더욱 강하게 밀고 나가려는 경향이 있다. 그러나 사람마다 의견이 다른 것은 당연하므로, 자신의 의견만 주장하기보다는 상대의 의견에도 귀 기울이면 매력적인 리스너가 될 수 있다.

"○○는 좋아해요?"

"○○가 좋죠?"

하고 물을 때, **좋다 또는 나쁘다로 단정하지 않고 일단 받아들인다.** 그런 다음 '좋아하는 사람에게는 그만이다'라는 문구를 사용하면 상대와 충돌할 일은 거의 없다. 이런 대답을 자연스럽게 구사할 수 있는 사람이야말로 일류 리스너다.

상대가 화를 내거나 꾸짖을 때는 확실하게 해명한다

아이가 부모에게 야단맞을 때는 보통 눈을 내리깔고 표정이 어두워진다. 자신의 행동을 반성하고 침울해하는 모습은 기특하지만, 어른이 된 후에도 이처럼 어릴 때와 똑같은 방식으로 듣고 반응하면 보기 좋지 않다.

상사가 질책할 때 눈을 내리깔고 작은 소리로 "죄송합니다." 하고 말하는 부하들을 보면, 상대가 화를 내거나 꾸짖을 때 어떻게 듣고 반응해야 하는지 모르는 것 같다.

물론 꾸중을 들으면 당연히 기분이 좋을 리 없다. 가능하면 그 상황을 빨리 피하고 싶은 마음에 이런 태도를 취할 수 있다. 또 직장 내 상사의 갑질이 심각한 문제가 되고 있는 요즘 시대에 부하를 면전에서 질책하는 상사가 적어진 것과도 관계가 있을 것이다.

그러나 어쨌든 상대가 화를 내며 꾸짖는 것은 그만큼 자신에게 기대를 했다는 증거다. 기대가 크면 질타와 격려가 따르게 마련이다. 따라서 부하 입장에서는 상사가 기대하는 바를 깨닫고, 동시에 상사의 평가 기준을 이해할 수 있는 계기가 된다. 이것은 절대 손해 보는 일이 아니다.

만약 이런 상황에 처했을 경우, 어떤 점에 주의해서 들어야 하는지 알아보자.

해명이 필요할 때도 있다

먼저, '**사과하는 것만 생각해서는 안 된다**'는 것을 알아야 한다. 우리는 보통 상대가 화를 낼 때 해명보다는 사과를 먼저 하는 것이 바른 자세라고 생각한다.

우리 사회에는 교육 때문인지 해명이나 변명을 하는 것은 좋지 않다는 선입관이 만연해 있다. 그러나 실제로 화를 내는 쪽에서는 왜 기대에 어긋난 행동을 했는지 상대로부터 해명을 듣고 싶어 한다.

얼마 전, 나는 어떤 경험을 통해 마침 그것을 실감한 적이 있었다. 오랜 거래처인 인쇄 회사에서 교재를 납품받았을 때였다. 박스를 열어 보니 교재의 표지 일부에 색이 번져 얼룩이 져 있었다. 사용할 수 없을 정도는 아니었지만 '문제가 있어 보인다'고 말하며 직원이 내게 보여 주었다.

나는 인쇄 회사 담당자를 불러 주의를 주었다.

"항상 그쪽에 교재 인쇄를 발주하는 것은 이런 얼룩이 없기 때문이었어요. 요즘은 인터넷으로 교재를 쉽게 주문할 수 있고, 가격도 저렴하게 해 주는 곳이 얼마든지 있는데도요."

늘 밝은 표정이었던 영업 담당자는 그날은 고개를 숙이며 "죄송합니다." 하고 사과만 했다. 무슨 말을 해도 똑같은 자세로 죄송하다는 말만 되풀이했다. 결국 내 입에서는 심한 말이 튀어나왔고, 그 자리는 거북한 분위기로 마무리되었다.

얼마 후, 그 담당자가 새로 인쇄한 교재를 납품하기 위해 다시 우리 회사를 찾아왔다. 지난번 그 일이 있고 어느 정도 시간이 지난 터라 이번에는 차분히 상대의 해명을 들어 보았다.

"사실은 저희 쪽에서 계약한 인쇄소가 연말에 일이 밀려 발주를 할 수 없었어요. 그래서 다른 인쇄소에 발주를 했는데 설마 그런 상태로 납품할 줄은 생각지도 못했습니다. 두 번 다시 그곳과는 거래하지 않기로 했습니다."

하고 담당자는 과정을 설명했다.

"왜 그때 그렇게 말하지 않았어요? 말해 줬으면 좋았을걸."

"변명처럼 생각하실 것 같아서요."

이것이 문제다. 물론 사람에 따라서는 무조건 고개를 숙이고 사과하는 것이 옳다고 생각할 수도 있다. 그러나 **대부분은 상황에 대해 해명해 주기를 바란다.** 이 경우에는 담당자가 처음 불려 왔을 때,

"죄송합니다. 사실은 이번에 저희가 계약한 인쇄소가 연말에 주문이 밀려서 작업을 할 수 없었어요. 그래서 다른 인쇄소에 의뢰했는데, 어쨌든 제가 경솔했습니다. 이런 결과가 나올지 몰랐어요."

라고 말해 주었더라면 바쁜 연말에 서둘러 주문한 우리의 잘못도 자각했을 것이다.

상대가 화를 내고 꾸짖을 때는 무조건 사과만 해서는 안 된다. 확실하게 상황을 전달한 뒤 자신의 실수에 대해 사과한다. 무조건 변명이나 해명으로 보일 거라는 선입관을 갖지 말자.

'고맙습니다'는
만능 문구가 아니다

요전에 한 인터넷 게시판에 올라온 글이 나의 시선을 끌었다. 어느 30대 여성이 쓴 글이었는데, 그녀는 부모와 할머니로부터 남이 무언가를 해 주면 "고맙습니다."라고 말하도록 배웠다고 한다.

일반적으로 '고맙다'는 말을 잘하는 사람은 주변 사람들이 좋아할 거라고 생각하는 경향이 있다.

그런데 그녀의 글에 보면 직장 동료가,

"당신은 '고맙습니다'라는 말을 너무 자주 해서 진심으로 느껴지지 않아요. 어떨 때는 전혀 고마워하지 않는 것 같아요."

하고 말했다고 한다. 그녀는 그 말에 충격을 받아 인터넷에 글을 올린 것이었다. 나는 동료가 그녀에게 심한 말을 했다고 생각했다.

업무와 관련해 연락을 받거나 상대가 무언가를 가르쳐 주었을 때처럼 당연히 '고맙다'고 해야 할 상황에서 선뜻 말하지 못하는 사람이 있다. 앞의 경우는 '고맙다'는 말을 너무 자주 해서 상대로부터 전혀 고마워하지 않는 것 같다고 지적받은 아주 드문 상황이다.

단, 다음과 같은 예를 생각해 보면 어떨까?

"점심, 먼저 먹으러 갈게요. 늘 가는 곳으로."

"네, 고마워요."

"요전에 준 자료, 잘 썼어요. 책상 위에 갖다 놨어요."

"알았어요, 고마워요."

"팀장님이 보낸 메일 봤어요? 나중에 의견 말해 줘요."

"네, 고마워요."

이 대화들은 언뜻 보면 어색하지 않은 것 같지만, 여기서 '고마워요'라는 말은 적절치 않게 사용되었다.

"점심, 먼저 먹으러 갈게요. 늘 가는 곳으로."

"그래요, 나는 오늘 고기 먹으러 갈게요."

하고 말하는 것이 자연스러운 대화라고 할 수 있다. 다른 예에서도,

"요전에 준 자료, 잘 썼어요. 책상 위에 갖다 놨어요."

"네, 도움이 되었다니 다행이에요."

"팀장님이 보낸 메일 봤어요? 나중에 의견 말해 줘요."

"네, 또 무얼 보내셨을까? 자세한 건 확인해 보고 말할게요."

하고 대꾸하는 것이 자연스럽지 않을까?

즉, 대답을 할 때 무조건 '고맙습니다'를 만능 문구처럼 사용하면 부자연스러운 대화가 될 수도 있다. 앞서 예로 든 30대 여성이 실제로 어떻게 말했을지, 진실은 알 수 없다.

'고맙다'고 해야 할 상황에서 선뜻 말하지 못하는 사람이 있는 것도 사실이므로 '고맙다'고 말할 수 있는 것은 분명 중요한 일이다. 반면에 리스너로서 대답할 때 '고맙다'는 말이 편리해서 지나치게 많이 쓰는 경우도 있다.

하지만 자칫 버릇이 되어 남발하지 않도록 주의해야 한다. 일류 리스너가 되려면 대화의 흐름과 리듬을 중시하는 동시에 자연스럽고 활발한 소통을 의식해야 한다. **사용하기 편리한 문구라도 적당히 사용하자.**

온라인 회의와 면접에서는 알기 쉬운 표현을 쓴다

　최근 IT 기술의 발달로 온라인으로 회의도 하고 입사 면접도 진행하는 회사가 늘고 있다. 일본의 경우, 온라인 면접을 도입한 기업은 이미 70%가 넘는다(2020년 8월 기준). 신종 코로나 바이러스 감염증(코로나 19)으로 그 수치는 더욱 늘어나 취업 시험의 경우, 최종 면접까지 온라인으로 실시하는 기업이 있을 정도다. 독자들 중에도 줌(ZOOM, 클라우드 기반의 화상 회의 서비스—옮긴이) 등의 앱을 이용해 화상 회의를 경험한 사람이 많을 것이다.

　이처럼 **온라인에서 대화할 경우, 오프라인과 달리 상대의 말을 들을 때 조심해야 할 것이 있다.** 자칫 생각지도 못한 부정적인 평가를 받을 수도 있는데, 여기서는 특히 주의해야 할 두 가지를 확인해 보자.

① 대면할 때보다 의식해서 고개를 끄덕인다

4~5명이 화상 회의를 하면 컴퓨터 화면이 분할되어 참가자의 모습이 나란히 표시된다. 그런 환경에서 누군가 발언을 하면 어떤 사람은 다른 생각을 하는지 무표정한 얼굴을 하고, 또 어떤 사람은 생글거리며 고개를 끄덕인다. 말하는 사람은 화면 속의 사람에게 말을 걸지만 참가자 한 명 한 명의 태도 차이를 한눈에 알 수 있다(이때 각 참가자의 모습은 화면 표시 방법에 따라 다르게 나타난다).

온라인의 경우는 대면과 달리 참가자 중 한 명인 자신에게 주목하는 사람이 없을 거라고 착각하기 쉽다. 또 같은 공간에 있는 것이 아니라 방심할 수 있다. 특히 집에서 온라인에 접속하는 경우는 자세가 해이해지기 쉬워서 칠칠치 못한 인상을 줄 수 있고, 무표정이 계속되면 나쁜 인상을 줄 수도 있다.

나는 한 달에 두 번 외국에 거주하는 일본인 컨설턴트와 온라인으로 화상 회의를 한다. 그는 매번 고개를 크게 끄덕이며 화면 속 나의 시선을 끌려고 노력한다.

어느 날, 회의 막바지에 그에게 물었다.

"항상 고개를 크게 끄덕이고 시선도 나를 주시하는 것 같은데, 의식적으로 하는 건가요?"

"네, 항상 의식하죠. 온라인이기는 하지만 여기는 먼 외국이라 거리감이 느껴진다고 생각해요. 제가 잘 듣고 있다는 것이 제대로 전달되지 않으면 상대방은 집중력이 떨어질 거예요."

맞는 말이었다.

일대일이든 참가자의 수가 많든 온라인에서는 대면하고 말할 때보다 더 눈에 띄게 고개를 끄덕이지 않으면 정지 화면처럼 보인다.

따라서 **이야기를 듣는 사람은 말하는 사람뿐 아니라 다른 참가자들도 자신을 보고 있다고 생각해 의식적으로 조금은 과장되게 고개를 끄덕이는 것이 좋다.**

"아." "네." 하고 말로 맞장구치지 않아도 된다. 자신의 음성은 소거된 채 회의 진행자로부터 발언을 허가받기를 기다리는 상황이라도, 고개를 끄덕이는 것에 조금만 신경 쓰면 인상이 크게 달라질 것이다.

② 표정에 변화를 주어 기분을 전달한다

온라인이라도 표정은 풍부한 것이 좋다. 이것은 매우 중요한 문제인데, 실제로 얼굴을 마주했을 때 이상으로 온라인상에서 표정을 풍부하게 짓기란 생각보다 쉽지 않다. 또 화면을 향해 과장되게 표정을 지으면 어쩔 수 없이 거짓된 표정이 나와 버리는 경우도 있다.

이럴 때는 어떻게 해야 할까?

웃는 얼굴을 보일 때는 카메라의 시선을 의식해야 한다. 컴퓨터의 내장 카메라와 아이패드(iPad)의 카메라는 모니터의 위쪽이나 가장자리에

달려 있어서 화면을 보고 웃으면 시선을 내리깔거나 곁눈질하는 것처럼 보인다. 따라서 웃을 때 카메라를 보면 인상이 훨씬 좋아진다.

또 모니터의 작은 틀 안에 자신의 얼굴이 비쳐지기 때문에 직접 마주할 때처럼 미묘한 표정은 전달되지 않는다. 몰랐던 정보를 알게 되었거나 '아, 그렇구나.' 하고 수긍이 가는 이야기에는 과장되게 놀란 표정을 짓는 것이 효과적이다.

카메라에 얼굴을 바짝 갖다 대서 크게 보일 필요는 없지만, **'오~' 하고 입을 벌려 놀란 표정을 지어 보자**. 온라인에서는 듣는 사람이 자신의 기분 변화를 확실하게 표정으로 드러내지 않으면 상대는 듣는 사람의 기분을 눈치채기가 어렵다. 동료 사이라면 엄지손가락을 치켜세워 '좋다'는 의사 표시를 하는 것도 효과적이다.

| 부록 |

나는 눈치 있는 사람일까? 간단 셀프 체크

10가지 항목으로 진단하는
분위기를 읽는 힘 & 듣는 힘

1. 자기 의견은 분명하게 말하는 편이다

☐ 매우 그렇다고 생각한다
☐ 가끔 그렇게 생각할 때가 있다
☐ 굳이 말하자면, 분명하게 말하는 편은 아니다
☐ 자기 의견을 말하는 데 서툴다

2. 유행보다는 자기 스타일, 취향을 우선시한다

☐ 항상 자기 스타일을 고수한다
☐ 대체로 자기 스타일을 우선한다
☐ 유행을 따르는 경우가 많다
☐ 유행에 민감해서 최신 유행을 따른다

부록 | 나는 눈치 있는 사람일까? 간단 셀프 체크

3. 어느 자리에서든 분위기 띄우는 것을 좋아하고, 자신이 분위기 메이커라고 생각한다

☐ 매우 그렇다고 생각한다
☐ 굳이 말하자면, 분위기 메이커다
☐ 조용한 편이라고 생각한다
☐ 분위기 띄우는 것이 어렵게 느껴진다

4. 누구와도 쉽게 친해지는 편이다

☐ 매우 그렇다고 생각한다
☐ 대체로 사이좋게 지낼 수 있다
☐ 처음 보는 사람은 어색하다
☐ 좋고 싫음이 확실해서 싫은 사람과는 잘 지내지 못한다

5. 재미있는 일을 경험하면 바로 말하고 싶다

☐ 매우 그렇다고 생각한다
☐ 항상 정해진 상대에게 말한다
☐ 그다지 말하지 않는 편이다
☐ 자신에 관한 말은 거의 하지 않는다

6. 다른 사람이 모르는 정보를 얻으면 가르쳐 주고 싶다

☐ '여기서만 하는 이야기인데…' 하고 말할 때가 자주 있다
☐ '○○, 알아?' 하고 가르쳐 주려고 말을 꺼낸다
☐ 특정한 사람에게 말할 때가 있다
☐ 자기만 알고 말하지 않는다

7. 술자리를 좋아한다

☐ 매우 좋아한다
☐ 굳이 말하자면, 좋아하는 편이다
☐ 그다지 좋아하지 않는다
☐ 솔직히 귀찮다

8. 독설가라는 말을 들을 정도로 날카로운 지적을 하고 싶다

☐ 매우 그렇다고 생각한다
☐ 때때로 심하게 지적하고 싶다
☐ 자신에게는 어려운 일이다
☐ 가능하면 풍파를 일으키고 싶지 않다

9. 부하 또는 후배가 실수했을 때 따끔하게 꾸짖어 교육한다

☐ 그냥 넘기지 않고 따끔하게 꾸짖는다
☐ 너그럽게 보려고 하지만 대체적으로 꾸짖는다
☐ 그다지 강하게 말하지 않는다
☐ 자기가 저지른 실수는 스스로 해결해야 한다고 생각해서 꾸짖지 않는다

10. 다음 내용을 알 수 있는 이야기(결론을 쉽게 알 수 있는 이야기)는 끝까지 듣기 힘들다

☐ 매우 힘들다
☐ 싫증 나서 힘들다
☐ 거의 신경 쓰지 않는다
☐ 끝까지 참고 듣는다

앞의 10가지 질문에는 4가지 선택지가 있는데, 위쪽에 가까운 답을 선택할수록 '눈치 없는 사람'일 가능성이 높다. 항목별로 자세히 살펴보자.

1. 자기 의견은 분명하게 말하는 편이다

많은 사람이 자기 의견을 분명히 말하는 것은 좋은 행동이라고 여긴다. 그러나 그것이 상대의 의견을 정면으로 부정하는 경우라면 표현에 주의해야 한다. 나의 의견을 말했을 때 상대가 어떻게 생각할까? 그 점을 무시한 채 폭주하면 상대에게 불쾌감을 주어 '눈치 없는 사람'이란 말을 들을 수 있다.

2. 유행보다는 자기 스타일, 취향을 우선시한다

유행을 따를지 말지는 각자 자신의 취향에 따라 판단하는 것이 전제가 된다. 그러나 유행을 따르지 않고 자기만의 스타일을 고수한다고 해도 자리에 맞지 않는 옷차림을 하거나 엉뚱한 생각을 말하면 '요란스러운 꼴로 대체 무슨 생각을 하는 거야?' '저 사람은 남존여비 사상이 강하네.' 하고 비난받을 수 있다.

3. 어느 자리에서든 분위기 띄우는 것을 좋아하고, 자신이 분위기 메이커라고 생각한다

어느 자리에서든 분위기를 띄워 주는 밝은 성격을 가진 사람을 향해 '주위를 기분 좋게 하는 소질이 있어서 좋겠다.'라고 말하는 사람도 있다. 그러나 분위기를 띄우거나 당장의 재미를 위해서 누군가에게 크게 실례가 되는 말을 할 수도 있으므로 주의해야 한다.

4. 누구와도 쉽게 친해지는 편이다

첫 대면에서도 쉽게 친해질 수 있는 사람은 소통을 잘하는 사람이라고 생각하는 경향이 있다. 쉽게 친해지는 것은 좋지만, 그것이 무례함과 종이 한 장 차이라는 것을 명심해야 한다. 자신은 친해졌다고 생각했는데, 상대는 자신을 무례하다고 여겨 싫어할 수도 있다.

5. 재미있는 일을 경험하면 바로 말하고 싶다

말하고 싶으면 참지 못하는 사람이 있다. 그런데 그것이 과연 상대가 듣고 싶어 하는 내용일까? 과연 지금 그 이야기를 해도 될지 말지 고민해야 한다. 다른 사람이 말하는 도중에 자기 경험담을 늘어놓거나 상관없는 이야기를 하면 눈치 없는 사람으로 보일 수 있다.

6. 다른 사람이 모르는 정보를 얻으면 가르쳐 주고 싶다

타인의 가치관에 둔감한 사람은 미움을 받는다. 예를 들어, 우연히 들은 다른 사람의 비밀을 말해 버리거나 불확실한 정보를 마치 사실처럼 말하면 신용을 잃을 수 있다.

7. 술자리를 좋아한다

사회인이 되면 몇 번의 술자리 참석은 불가피하다. 그러나 술을 마시면 자신의 의지와는 다르게 말실수를 할 위험이 있다. 술 기운에 해서는 안 될 이야기를 하거나 자기 자랑을 늘어놓으면 동석자들은 그 사람과의 술자리를 전혀 즐겁지 않다고 느낄 것이다.

8. 독설가라는 말을 들을 정도로 날카로운 지적을 하고 싶다

날카로운 지적이 현명함을 증명한다고 생각하는 것은 큰 오산이다. 코미디나 만담에서는 그런 행동이 재미로 인정받을 수도 있지만, 보통 사람에게 하면 위험하다.

9. 부하 또는 후배가 실수했을 때 따끔하게 꾸짖어 교육한다

문제점을 지적해 개선하도록 지도하는 것을 '질책'이라고 한다. 그러나 그것이 '설교'가 되어 버리면 안 된다. 질책을 할 때 과거의 일을 지적하거나 인격을 부정하고 불쾌감을 주는 언행이 섞이게 되면 상대는 의욕을 잃는다. 질책은 '격려가 절반'이라고 생각하자.

10. 다음 내용을 알 수 있는 이야기(결론을 쉽게 알 수 있는 이야기)는 끝까지 듣기 힘들다

사람은 누구나 이야기를 앞서 읽으려고 한다. 말하는 것보다 사고 속도가 빠르기 때문이다. 그러나 결론은 항상 마지막에 나오는 법이다. 물론 의외의 결론이 나오는 경우도 있다. 이야기를 듣는 도중에 "○○라는 거로군요." 하고 먼저 말해 버리면, 말하는 사람은 자신의 이야기를 끝까지 듣지 않은 것에 불쾌해할 수 있다.

10가지 질문의 의도를 이해했을까? 앞에 나온 항목들은 상대의 말을 제대로 듣지 못하는 원인이 된다. 지금까지 다양한 각도에서 듣기에 대해 설명했는데, 결론은 역시 눈치가 있는 사람이 일류 리스너라고 할 수 있다.

맺는 글

'말을 잘하고 싶다'는 바람을 가진 사람은 많지만, 그에 비해 '남의 말을 제대로 듣고 싶다'고 바라는 사람은 적다.

그러나 내가 대표로 있는 '화술연구소'에서는, 말하기는 제대로 들어야만 성립될 수 있다는 것을 오랫동안 알려 왔다. 그래서 말하기 연습을 원하는 고객에게는 항상 듣기 훈련도 동시에 필요하다고 제안한다.

오해, 착각, 불화, 인간관계에서 생기는 문제의 대다수는 듣기, 즉 제대로 듣지 못해서 생긴다. 때문에 사람들은 '그때 어떻게 말했어야 할까?' 하는 반성과 함께 고민하고 때로는 자기혐오에 빠진다.

그럴 경우, 말하기가 아니라 듣기에 초점을 맞추면 깨닫는 것들이 있다. 바로 그것이 내가 이 책을 쓰게 된 계기다.

규슈의 할인 마트 체인점장이 연수 때 나에게 이런 고민을 털어놓았다.

"선생님, 파트타이머 관리가 너무 힘들어요. 보통은 주부들이 많은데 서로 미워하고 따돌리거든요. 그걸 어떻게 말해서 조정해야 할지……. 완전히 두 손 들었어요."

한숨을 쉬는 그에게 나는 구체적인 예를 물었다.

"계산대에 서기 싫어하는 사람이 있어요. 창고나 물건 관리는 하겠는데 아무튼 계산대 일은 하기 싫대요. 그 문제 때문에 다른 파트타이머들에게 미움을 받아서 아예 말도 안 하더라고요. 저도 난처해서 '그렇게 행동하면 앞으로 여기서 일하기 어렵다'고 주의를 주기는 했는데……. 도무지 바뀌지 않아요."

점장의 고민은 이해가 됐지만, 나는 이렇게 말했다.

"계산대 일을 싫어하는 이유를 물어봤나요?"

점장 입장에서는 원치 않는 조언일 수 있다. 그가 알고 싶은 건 파트타이머에게 어떻게 말해야 문제를 일으키지 않고 자기 말을 따를 것인가였기 때문이다.

점장이 '그렇게 행동하면 앞으로 여기서 일하기 어렵다'고 말한 것은 그 파트타이머에게는 '협박'이었다. 게다가 '앞으로 일하기 어렵다'고 말한 것은 해고를 예고한 것과 다름없다.

그 점장은 어떻게 말해야 자신을 따를지에만 초점을 맞춘 나머지, 안타깝게도 파트타이머와 커뮤니케이션을 하겠다는 의식이 희박해지고 말았다.

점장 입장에서 파트타이머가 어떤 일이든 꺼리지 않고 해내며 동료와도 잘 지내기를 바라는 것은 당연하다. 그러나 그런 바람을 명령이나 협박으로 강제하

○○○○○

면 결과적으로 그 파트타이머는 가게를 그만둘 것이다.

상대가 왜 그 일을 기피하는지 이유를 모르면 대화할 수 없다. 따라서 철저하게 듣고 상대를 이해한 다음, 점장으로서 조언할 수 있는 것들을 전달해 납득시킨다. 귀찮고 번거로운 방법이지만 사람 사이의 커뮤니케이션은 서로 이해해야만 긍정적인 방향으로 나아갈 수 있다. 바로 이 점이 내가 이런 상담을 받을 때마다 생각하는 것이다.

커뮤니케이션에는 분명 상대가 있다. 그리고 상대에게는 그가 살아 온 인생의 궤적이 있다. 취향도 자신과 다르다. 그렇기 때문에 귀찮고 번거로워도 서로 이해하는 것이 중요하다.

많은 사람이 모여 사는 이 세상에서 나의 생각을 이해해 주는 수많은 협력자가 생기면 일과 일상생활에 충실감을 느낀다. 이를 위한 말하기와 듣기 방법을 세상에 알리고 싶다.

이 책은 화술연구소를 창설한 후쿠다 다케시와 후계자인 나, 후쿠다 겐지가 기획을 했고, 출판사의 동의로 출간되었다. 주제와 구성안은 후쿠다 다케시가 고안했고, 전체 분량의 3분의 1은 내가 집필할 예정이었다. 그런데 2019년 6월,

○○○○○

후쿠다 다케시가 신경교아종(악성 뇌종양)에 걸려 투병 생활과 집필을 병행하게 되었다.

수술과 약물 치료로 이어진 오랜 투병 생활은 후쿠다 다케시의 체력을 빼앗아 버렸다. 최선을 다해 치료에 힘썼지만, 반년 후에는 펜을 잡을 힘조차 남지 않게 되었다. 결국 부족한 부분은 내가 보충해 겨우 완성할 수 있었다.

이 책은 후쿠다 다케시가 집필한 마지막 책이다.

그러나 화술연구소는 창설자의 뜻을 이어받아 현재까지 운영되고 있다. 앞으로도 우리 회사는 '인생 자체를 좌우할 인간관계'라는 중요한 관심사를 출판과 연수를 통해 추구해 나갈 것이다.

말을 한다는 것, 말을 듣는다는 것은 살아가는 행위 그 자체다. 타인과의 관계를 위해 우리는 삶 속에서 많은 시간과 에너지를 소비해야 한다. 그러므로 앞으로 여러분도 여기에 관심을 가지고 자신을 바꿔 가도록 노력하기를 바란다. 우리도 작은 힘이지만 최선을 다해 도울 것이다.

후쿠다 겐지(福田賢司)

지은이 후쿠다 다케시(福田健)

(주)화술연구소 회장.
화술연구소의 창설자로, 따뜻함이 있는 인간성과 구체적이면서도 알기 쉬운 말하기 방법으로 많은 사람들을 매료했다. 커뮤니케이션에 관한 연구 및 계몽활동을 통해, 현재 강연회 지도자의 수도 100명에 이른다. 주요 저서에 <사과의 기술> <어색한 분위기를 바꾸는 말하기 방법> <사람은 '말하는 법'으로 90% 바뀐다> <여자는 말하는 법으로 90% 바뀐다> 등이 있다.

옮긴이 홍성민

성균관대학교를 졸업한 뒤 일본 교토국제외국어센터 일본어과를 수료했다.
옮긴 책으로는 <물은 답을 알고 있다> <세계사를 움직이는 다섯 가지 힘> <무서운 심리학> <아들러에게 배우는 대화의 심리학> <처음 시작하는 심리학> <처음 시작하는 연애 심리학> <처음 시작하는 외모 심리학> <쓸모 있는 철학> 외에 여러 권이 있다.

좋은 리더가 지닌 대화의 기술
듣기의 힘

펴낸날	2021년 6월 30일 초판 1쇄 발행
지은이	후쿠다 다케시
옮긴이	홍성민
펴낸이	김병준
펴낸곳	(주)우듬지
주 소	서울특별시 강남구 논현로 71길 12
전 화	02)501-1441(대표)	02)557-6352(팩스)
등 록	제16-3089호(2003. 8. 1)
편집책임	한은선 디자인 이수연
ISBN	978-89-6754-115-6 03190

* 잘못 만들어진 책은 구입하신 곳에서 바꾸어 드립니다.
* 책값은 뒤표지에 있습니다.